激活沉睡心灵
发现孩子内在动力

生 三◎著

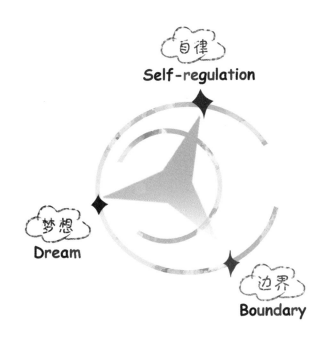

自律
Self-regulation

梦想
Dream

边界
Boundary

ZHEJIANG UNIVERSITY PRESS
浙江大学出版社

"父母好心态　孩子好状态"——去哪家族公益讲堂走进杭州市公安局余杭区分局，让民警家长学会如何正确处理亲子关系

前线有你 保障有我——少年警校护航 G20 民警子女托管班”开班仪式现场

2018 年 1 月 15 日，"让爱伴我成长，让校园欺凌远离我们"——去哪家族公益讲堂走进千岛湖建兰中学

杭州安吉路幼儿园全园幼儿"儿童性侵防范课堂"

台州市公安局管辖的安全馆举办的少年警察及家长培训

杭州市余杭区临平三小爸爸俱乐部亲子训练营

杭州市大江东（钱塘新区）公安分局女警职业素养团队辅导

推荐序　激活孩子生命活力的使者

意大利著名儿童教育家蒙台梭利说："教育就是激发生命、充实生命，协助孩子们用自己的力量生存下去，并帮助他们发展这种精神。"

人与人的相识常常是偶然，在看似偶然的相识之中，又往往蕴含着心灵相通的必然。

我与王翠芳女士并不认识，连面都没见过。但是，一本书、一个理念，却把我们这两个相距甚远、毫不相干的人联系到了一起。

王翠芳看了我刚出版的反映未成年人犯罪的纪实作品《妈妈，快拉我一把》，很赞赏我书中的观点。她认为我和她有着共同的经历、共同的感悟、共同的信念和目标，而我就是她认为被激活的那种人，想请我为其准备出版的新作写序。于是，她通过浙江未成年犯管教所蒋晓霞警官找到我，就这样，我们在作品中相识了，并成了朋友。

王翠芳，国家二级心理咨询师，从事青少年及儿童教育宣传工作多年，是激活教育创始人、少年警校发起人、浙江省去哪家族公益发展中心发起人，接触失足少年上万人，辅导了上万个家庭，做过几百场大型公益报告，是一位致力于青少年身心健康教育、预防未成年人犯罪的社会工作者。

当我看到她发来的书稿，当初的题目是"IBF激活教育应用范围及技巧"，以为是一部纯学术方面的著作，不知该如何为其作序。但是，当我翻开书稿读起来，却发现，这是一部很有价值，并充满了激情与温度的作品，是对未成年孩子很有指导意义的人生教科书。

从这部二十多万字的书稿中，我读到了一颗心，一颗充满母爱与社会责任感的心。它就像一股温泉流淌在字里行间，充盈着整个作品，给父母及家庭以温馨的滋润。

在书中，王翠芳首次提出了"IBF 激活教育"的理念，通过大量的典型案例分析，协助家长及老师找到与孩子们沟通的桥梁，帮助孩子激发起内在潜能，激活他们生命的活力，从而绽放出灿烂的生命之花。

她提出，要想达到激活潜能之目的，要从三种关系、两种能力、一个边界、一个梦想、四大区块着手，融心理学、教育学理论于家庭教育当中。

书中写道：如何激发孩子拥有属于自己的目标，"这个目标就是梦想，也就是志向"；如何教孩子有品质的生活："身心健康、阳光自信、自立自强、团结协作、学习创新、感恩有爱"；如何教育孩子学会"自我情绪调节"；正确对待"青春期逆反及性心理变化"；如何教育孩子"向校园霸凌说不"；如何教育孩子"保护自己，远离性侵"；如何培养孩子的创造力，保护孩子的好奇心，保护孩子宝贵的上进心并持之以恒；等等。

王翠芳提出的激活教育理念，关键在于：遵从孩子的成长规律及天性，激发孩子潜在的生命活力，把属于孩子的自由还给孩子，让孩子学会处理人与自然、人与自己、人与社会的关系，帮助孩子学会认识生活，学会承受困境与逆境，保持积极进取的精神，从而激发出孩子的生命潜能。

在书中，她列举了大量青少年犯罪的案例，指出当前青少年犯罪的严重性，并提出对青少年犯罪问题应高度重视。

的确，我刚出版了关于未成年人犯罪问题的纪实作品，感触颇深。当今世界，青少年犯罪已成为世界性的问题。有学者将青少年犯罪与环境污染、毒品泛滥，并列为世界"三大公害"。因此，预防未成人犯罪已成为世界各国高度重视的社会问题，中国尤为重视。青少年犯罪，不仅是个人之痛、家庭之痛，也是社会之痛、国家之痛。

对于未成年的孩子来说，罪与非罪绝非鸿沟，在充满各种诱惑的大千世界，任何孩子都没有先天的免疫力，有时就在懵懂无知的一念之间，滑向了犯罪深渊，"一失足成千古恨，再回头已百年身"，只能在高墙铁窗里追悔莫及，苦度日月了。

青少年犯罪就像一台透视镜，将透视出孩子身后的背景：家庭、学校、社会乃至整个世界。一宗看似简单的青少年犯罪案件，究其原因，会发现诸多深层的社会问题：家庭教育的缺失，留守儿童的孤独，网络的影响，学校的失责，乃至法律的欠缺，社会负面影响等。

我采写大墙里的犯罪少年，是想用大墙内的钟声，敲醒大墙外千千万万的父母和孩子，远离犯罪。而王翠芳这部著作，则是将防范未成年人犯罪教育前置，教育父母和老师如何用各种方法激活孩子内在潜能，激活孩子的活力，不仅避免孩子误入歧途，还可以让孩子变得更加卓越，此书对家庭和孩子来说，更有指导意义。

她说："培养教育孩子是一门科学，是一项系统工程，必须了解、掌握、尊重孩子身心发展和家庭教育的规律，要全面关心、培养孩子，努力克服片面的、畸形的培养倾向，促进孩子在德、智、体等方面得到全面发展。"我非常赞成她的观点，"十年树木，百年树人"。我曾深有感触地写道："在我的一生中，除了创作，孩子教育是我投入精力最大的一项'工程'。对一个家庭来说，孩子教育的确是一项大'工程'，它比任何事情都重要。孩子是家庭的未来，如果管教不好，很可能成为家庭和社会的累赘，甚至祸害。"

写到这里，我忽然觉得我与从未谋面的王翠芳女士的心灵贴得很近，感觉很亲切，丝毫不感到陌生，好像我们很久以前就是要好的朋友。是的，我们从事的职业不同，年龄不同，生活的地域不同，却有着相同的理念。我们都有一颗慈母的心，都有一种社会担当精神，都关心着未成年的孩子。

世界的竞争越来越激烈，一个优秀民族要想屹立于世界东方，必须抓好民族的未来。少年强，则中国强！少年是国家的希望、民族的未来。少年是时间上的富翁，有大把的时光可以支配。但是，富翁也有变成乞丐的时候，太阳不会永远停留在清晨八点钟。在今天这样一个伟大时代，抓好青少年教育，是每一位家长和老师应尽的责任，是全社会应有的担当！

王翠芳创作的这部著作，对父母和孩子来说，是一部有着指导意义的人生教科书。

国家一级作家、黑龙江作家协会名誉副主席　张雅文

2019 年 1 月 10 日

前　言

　　我曾应一友人邀约，给监狱的千名犯人做一场讲座，被问及讲述什么话题适合时，脑海里就开始不断思索。曾经"沦陷"的人们终究需要走出来，未来他们应该怎样做才能更轻松？

　　只有思想强大，才能真正站稳。

　　其实监狱中的犯人大多是因为当初思想出现了问题，或者说是没有信念、缺乏自控能力。这里有一个误区，许多人认为自己拥有高学历就有高品格、好思想，其实这是错误的。改变命运的不是知识，而是思想。

　　知识和思想之间并不能画等号，知识只是我们思想丰富强大的一个途径，需要我们自己努力去过滤。"三人行必有我师"，说的就是汲取别人的思想，强大自己的思想。

　　那么思想究竟该如何过滤、如何激活？怎样才能成为一个有思想的人？

　　本书将通过真实的案例分析及操作手法，协助家长和老师找到与孩子们深入沟通的桥梁，帮助孩子激发内在潜能，激活他们的生命动力。希望通过这本书，能让每一个孩子的能力得到自由、充分的发挥，能以积极健康的心态对待学习和生活，达到人格的自我完善与健全，成为一个独立、阳光、自信、自强、有爱、杰出、有目标、有边界意识的人。

导　言

　　每一个孩子都是天使，他们的身体深处都蕴藏着无限的潜能和美好的天性。

　　所谓科学的教育，就是守护孩子美好的天性、激活孩子内在的潜能、培育适应自然和社会的能力，其中激活是教育的基础和关键。激活，就是顺从大自然的规律，唤醒孩子们沉睡中的心灵，激发孩子们的内在动力，启动生命的原动力，激活学习兴趣，将孩子们心目中天然的学堂还给他们，让孩子们的未来充满无限可能。

　　由此，我将自己的教育理念起名为"IBF激活教育"。I是指Inspire，激励，鼓舞，启迪，赋予某人灵感；B是指Bright，美好的，明亮的，活泼的，辉煌的；F是指Future，未来。

　　Inspire Bright Future可解读为：遵从孩子的自然成长规律和天性，激发孩子潜在的生命动力，激活孩子沉睡的心灵，把属于孩子的光明前程还给他们。

　　特别要说明的是，孩子心中天然的学堂指的是我们人类在进化过程中已经优化和保留下来的原始思维，源于心理学界常说的成长动力。IBF激活教育强调的是以自我意识为核心，尊重受教育者思想的独立性，用适合个体的方法启发和促成他们学习观念的转变，把学习变成自主学习、合作学习、探究学习。没有自由的教育一定是失败的教育。当然，自由也是有边界的，没有边界的自由是非合理化的自由。

IBF激活教育针对教育者和受教育者两个对象，涉及启智养心和启心养智两个教育体系，强调一个核心教育目标，即养心育志。如果说启心养智是一棵茁壮的大树，那么，启智养心则是此树生之根本。

IBF激活教育以手（hand）、心（heart）、脑（head）、健康（health）为中心词语，概括了发展孩子的三种关系、提升孩子的两种能力、建立一个边界和树立一个梦想及目标为核心的整套课程体系，即IBF激活教育4H课程体系。

hand（技能），是指承载着人类生存发展的基本存活技能，包含社会生存技能和自然生存技能。处理与自己的关系、与社会的关系及与自然的关系都需要相应的技能。例如，与人见面打招呼属于社交技能，即人与社会关系的相处技能。而演讲的技能，是处理自己与自己、自己与社会的关系的技能。首先要让自己演讲时不紧张、不怯场，这是与自己相处的技能；演讲时口若悬河，或言辞坚定，或娓娓道来，准确地表达自己的思想理念，这属于社会生存技能。而四季更替时选择合适的服饰等，属于人与自然相处时必备的自然生存技能。

heart（启心），则是指塑造一个人逐渐具备一种具有自我意识和自我控制能力，且形成有感觉、有情感、有意志的、稳定的、系统的思维模式这一过程。美国心理学家亚伯拉罕·马斯洛1943年在《人类激励理论》一文中提出，人类的需求像阶梯一样从低到高分为五种，分别是：生理需求、安全需求、社交需求、尊重需求和自我实现需求。与需求层次相对应的便是自律需求。每个人会为了既定的目标和梦想，不断吸取各种与目标相匹配或能促进目标尽快完成的信息，进而加工进化成自己的一种生命力量。这个生命的力量就包含生命内力和生命外力，生命内力就是被激活的内心，即 heart。而生命外力就是我们肉眼可以直观看到的两种生存技能。当然，这个过程是激活教育的核心过程，它还蕴含着另外一个核心要素，即螺旋式自律层级概念。这个概念主要说的是人的自律程度是有层级的，而且这些层级会围绕目标而不断提升变化，从肉体到服饰，再从服饰到礼仪，再从礼仪到内在，呈递增式加强。

head（养智），也可以理解为经过信息过滤、思想塑造，逐渐固化自己的目标和思维习惯，形成自己的核心信念，并开始无意识地让这些核心信念支配自己的身体器官和行为，进而让自己的人生目标更明确，生活方式更科学，生命内力更雄厚，生存技能更强大，最终实现自己的核心目标。同时，也为了这个目标而约束自己的欲望和行为，养成边界意识，包括自我管理、道德和法律意识。简言之，明确自己要成为一个什么样的人。

health（健康），可理解为身心健康的状态。身心是生命体延续、激活的基本承载体。在前面 hand（技能）、heart（启心）和 head（养智）三项全部完成的情况下，才能最终达到身心健康的状态。它既包含了肉体的健康，又涵盖了内心的充盈，两个缺一不可。

本书中启智养心部分根据孩子的年龄不同，设置了35个课题，其中"认识自己"课题7个，"学习兴趣"课题8个，"自然关系"课题4个，"人际关系"课题10个，"目标梦想"课题5个，边界课题1个。因为受教育者的个体主动性强弱将决定整个激活体系成功与否，所以，本书会重点从三种关系、两种能力、一个边界、一个梦想（目标）四大区块着手，对个体成长过程中的典型案例做深度分析，使用激活技巧，解读启心养智系统的重要性和必要性。

目 录
Contents

第 1 章

IBF 激活教育概述

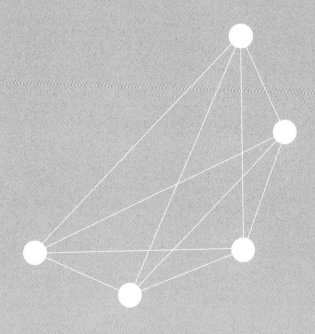

1.1　启智养心和启心养智的含义及应用

整个 IBF 激活教育体系可以用大树来表示，那么，启心养智该用什么来展示呢？我从脑海里翻出了四个单词：hand（手）、health（健康）、heart（心）、head（头）。不要小看这四个单词，可以说它们支配了我们的一生，更影响了人类文明的进程。

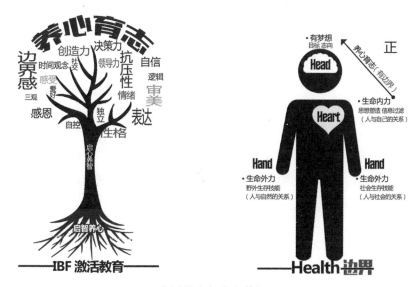

IBF 激活教育与启心养智

先来解释一下这几个词的含义。

◆ 手（hand）

手承载着人的基本技能，是生命的外力。而生命的外力又包含着两大类技能，即社会生存技能和自然生存技能。社会生存技能是人类作为群居类动物必需的与人交往的能力，也可以理解为人与人相处的能力。而自然生存技能则是我们生存在这个自然界中必不可少的，是与大自然中的万事万物和谐相处的能力，即人与自然相处的能力。

事实上，决定前面两种关系能否处理得好的一个核心要素是人与自己的关系，这个阶段也是激活教育重点关注的阶段，是激发人的生命内力的关键阶段，也是一个人能否顺利过滤有效信息，并加工塑造形成自己核心信念和思想的关键一步。这一步会直接造就三种截然不同的人：未来社会需要的具备领袖力的人、一生平庸的人、牵绊社会的人。

从生命内力的激发到具备领袖力只在一线之间，坚守边界，虽会经历许多挑战，但也会获得更加卓越的成就。一旦退缩或者丧失了边界，当下也许轻松了，但人生的路也就走偏了。我把这个过程起名为"养心育志"，意思是如果我们懂得过滤信息，并将有效信息加工塑造成有边界的意识，这时候，我们是健康（health）的。

◆ 健康（health）

因为工作的关系，我的嗓子受损一直没能恢复，我意识到这个陪伴我的身体器官拉响了报警器。春节前，我特意去找中医调养了身体，连续 3 个月的中药调理终于使我的嗓子恢复了原有的魅力。不过，很遗憾，伴随着夏季少年警校的开营，我再一次忘记了需要顾及自己的身体。这或许是性格使然，自从开始选择创办少年警校，自从开始与孩子的事结缘，我似乎经常会忽略自己。以前在新闻一线工作，顾不上吃饭，时常会在下午两三点把下午茶和午餐并在一起吃。现在做了制片人，自由了许多，但是一谈起工作还是会废寝忘食。

或许是性子要强，或许是过于追求完美，我总想扮演好每一个角色。我一直坚信，无论是在一个家族里、在一个单位里还是在社会上，只要有一个个体、一个群体、一个集体在幸福的转盘上转动，就可以带动整个转盘往幸福的方向转动。于是我选择做个好妈妈、好太太、好女儿、好儿媳，每天都能量满满，努力把自己的幸福密码传递出去；

看到太多孩子压力太大，想到他们的家庭，想到他们的生存环境，我便自主学习、系统学习、实验学习，努力探秘；

社会信息量庞大，纷繁复杂，有人开始过度追求私欲，丢失初心，造成夫妻感情出现问题，我就开始撰写专栏、文章、书籍，尝试通过思想的传播唤醒他们；

想到太多家长因为迷茫，搅乱了教育，我便想着应该用科学知识让他们学会选择、学会舍弃，于是提议组建了公益专家团。

……

总想留下生命的痕迹，不负这场生命之旅。我常说："人生苦短，不要匆匆来过，毫无痕迹。"或许以上的行为都属于这个主导思想在支配我的肉体的结果。的确，我做到了，我用自己的努力实现了家庭的意志统一，我用自己的努力换来了太多孩子的好消息，我用自己的力量感化了许多夫妻。原来想跳楼的孩子已经愿意继续读书，还提升了成绩；吵着离婚的小夫妻找到彼此的问题，开始同呼吸、共命运；绝望的富家太太不再只关注儿子成绩；寻求"一夜情"刺激的男子开始懂得不再只为自己；等等。突然觉得很佩服自己，在这里，好好感谢自己。

今天之所以写下这些，是想好好抚慰自己，好好感谢自己：这些年你的确很不容易，承载了太多的超负荷运转。从此刻开始，我也会更好地疼惜自己。

某天晚上 8 点 40 分，偶然的一次轻咳，我竟然发现痰中带有血迹。我冷静地面对病痛的问题，第一反应并不是着急地去医院寻求帮助，而是在想，假如此刻就停止呼吸，我的人生还有没有什么遗憾？答案是否定的。因为我坚信自己没有浪费我的生命，对得起每个人，包括自己。

这也是我在此书中所写的最关键的一步——健康，无论你是领袖精英、还是社会底层，无论你是想绽放生命精彩，还是想默默过完一生，都离不开这个关键的条件：做个健康的人。健康的人不仅需要健康的肉体，还需要健康的心灵，而决定我们能长期有效地保持健康的身体和心灵的核心则是要有健康的人际关系。人的一生必须处理好的三种关系是：人与自然、人与社会、人与自己。这三种关系如果处理得不得当，将直接影响我们的健康。

◆ 心（heart）

病痛对生命的摧残让我想起我一直在思考的一个问题，也是我为少年警校整体教学目标所下的定义：究竟叫"启心养智"，还是叫"启心养志"？整理思绪后，我确信在一个人的成长过程中必然需要有导师引领和启迪。家长是导师，老师是导师，社会上的任何一个人都可能是导师，但是，导师只能引领和启迪，关键还得靠自己。这个引领和启迪的区域就是"心"，

启心养智

这个区域的激发过程，我给它取名为"启心"，也是激活教育的核心。

"启心"，顾名思义就是开启心灵的思绪，也可以理解为启发一个人对生命之旅的客观认知，是塑造一个人逐渐具备自我意识和自我控制能力，且有感觉、有情感、有意志的稳定的系统的过程。

育人育心说的就是这个道理。这里特别强调一点，"启心"是在遵从原始思维的情况下提出的，而原始思维指的是人类繁衍发展积淀下来的集体规则意识，也可理解为道德的"道"，是核心信念必须遵守的边界。

这个阶段需要重点做到三项内容：首先，激发孩子的兴趣，保护孩子的好奇心。不要因为孩子是"十万个为什么"就开始嫌弃孩子，而要通过哲学故事、寓言典故等富有探索思考性的信息，引导和启发孩子去自主探索。其次，激发孩子的思辨能力，通过兴趣爱好进一步激活其化简为繁、化繁为简的能力。比如孩子希望做宇航员，就根据这一志向将需要学习的知识分化成许多小目标，协助其学会内容分类、归纳总结，提高观察力和想象力。最后，以孩子的兴趣作为学习的起点，通过让孩子动手、参与、体验等方式培养孩

子的个体自主合理的逻辑推理能力，为持续学习、持久思考提供更加强大的内在动力。坚定不移地推进儿童哲学的原生态研究，更好地帮助教师逐渐形成儿童哲学教育的思维模式，从而提高儿童哲学教育水平。

孩子思考世界，是从问"是什么""为什么"开始的。这表明孩子对事物以及事物之间的关系开始感兴趣，并试图去理解、认识它们。这是孩子智慧发展的体现，也是孩子探索人生、探索世界的关键环节。激活教育重点就是在这个环节用哲学的论断和言论帮助孩子们去探索，即"启心"阶段。

留意到这一点，父母和老师在引导孩子的时候，就不能仅仅给出"是什么""为什么"的固定答案，而是考虑如何更好地引导孩子自己去思考。

"爷爷，我为什么不能做想做的事？""爸爸，你为什么会喜欢我？""妈妈，我为什么存在？"我们的孩子绝少会问这样的问题，因为一开始，父母就已经告诉他们："你要听话，大人不让做的事情绝对不能做。""爸爸妈妈之所以批评你，是因为我们爱你。""你要有出息，必须去上学。"父母在说这些的时候，往往是斩钉截铁、绝对不允许被质疑的，直接阻断了孩子思考"为什么"的机会。而人之所以优于其他物种，从进化过程来看，不正是因为人类出现了思维，才有了主动思考和适应社会的能力吗？

◆ 头（head）

启心养智，是让一个人懂得完善自己的心智，内观自己的德行。心智也可以反过来理解为一个人的智力、智商及家庭核心信念的积淀、已固化的主流思想。最终，形成固有的具有自我意识、自律意识的稳定的知识架构，也是我们呈现在外的人格，它不仅让个体有感觉，还有情感和意志。由这个知识架构系统支配，才能展现出一个健康的形象，甚至是有领袖力的形象。

从 heart 到 head，有边界的人，就会有目标、有梦想、有生命动力；没有边界的人，就会无目标、无梦想，最终，因为生命动力偏离成长轨道，出现一系列行为偏差和品行问题。而这个过程就特别容易受外界环境的影响，这就是"孟母三迁"的根本原因。而这个过程又可以概括为两个词：思考、

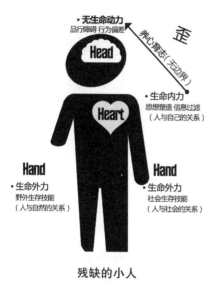

残缺的小人

学习，只有学习才会将更多边界意识的信号传递给自己，只有拥有了这样的信号储存、加工、过滤及思考，才能影响我们的行为。当这种信号长期地影响我们的行为，便形成了我们的核心信念，也就开始塑造我们自己的习惯，固化成我们的性格。

从事一线媒体采编工作十几年，后来又涉足心理咨询工作，其间，我见过太多典型案例，个体自我认知混乱，核心信念与社会潮流发生冲突，生命定义不清晰，导致不良的生活经历和人生体验，致使幸福指数不高甚至痛不欲生。只有懂得自我觉察不合理信念，才能消除不良情绪。任何不良行为及不良社交关系的出现，都与以自我为中心的不合理信念有关，这里的不合理信念从个体孕育的胚胎期开始就在接受原始思维的启发，而这原始思维的启发者就是母体及母体所处的生存环境。后期的启心引导比较容易受外在自然环境、社会环境及主要关系人的影响。

至于"智"和"志"，无论选择哪个字，都有其道理。为此，我还与一位注意力训练方面的专家讨论许久，他认为应该选"志"，因为人只有有了志向，才会为了志向发挥自己的智慧。客观来说，我也认同这个观点，但从一个人成长的动机及一个优秀人才的养成规律上来说，我更倾向于"智"。这个词也比较符合我创办少年警校及组建公益专家团的初衷，即协助（而非代替）更多人自主、自愿、自发地自我要求和提升。从这个角度说，我们要做的、能做的就是开启一个人的智慧密码，让他拥有志向，并为之自主学习，完善智慧。

支撑我提出这个理论的，有我大量的实操经验，还有我这几年开展讲座时的一些感受。每次去监狱或少管所讲课，我都会觉得气氛很沉闷，讲起来也比较辛苦，因为那是被动的，他们本身并不愿意改变。面向农村偏远地区的一些低学历人群授课的时候，解读某个信息也会辛苦许多，因为他们没有意识到自己需要这样的学习，也属于被动学习。但一旦解释清楚，这些人吸收起来又特别迅速。教少年警校的孩子的时候，家庭经济状况优越的孩子教起来也会比较费神费力，因为他们有着天然的优越感。孩子出现厌学、逃学等情况，也或多或少与家庭背景有关系。以上这些都属于核心信念偏差导致教授困难的实例。

这里我特别要提一下在讲座和心理团体辅导中的两个事例。

第一个事例，在公益专家团走进某单位开设心理团体辅导课时，我和另外一个专家老师按上午和下午两个场次轮流上课。整个团队辅导过程非常顺利，下课后，这位老师的一句话却让我意识到我自己是在很辛苦地传达某个思想内容。这位老师说："王老师，我觉得我还没有修炼到位，因为我今天讲课的时候就发挥不出来。"我也脱口而出："其实我今天讲得也很累。"这位老师很惊讶地说："我感觉你讲课充满活力，一点也没有受影响。"这位老师之所以这么说，是因为她在课堂上看到了几个学员在嗑瓜子。而我在上课的时候，也有听到几个学员在催促着下课去喝茶。我和这个老师看到了同样的东西，我们的感受是相同的，却有着不同的处理方法。我认为我需要做好我当下必须做好的事情，所以，尽管累，但还是尽可能地去做，可以说我是委屈了自己，压抑了自己的情绪，而选择了遵守彼此的边界。这些就是我们两个的核心信念的差异造成的不同后果。这也说明被动学习的无趣和无意义。

第二个事例，我在某一次讲座时遇到一个爸爸，虽然他在认真听讲座，但却一直在挑剔，而不是吸取知识、内化信息，以改变自己。这种类型的人的原始思维本身就是攻击性的，以自我为中心。他是想通过批判别人来保护自己不需要改变的权利。这样的人会记录得很仔细，好像对每个知识点都很有兴趣，但却不会从根本上改变自己，他的目的是为了证明某个专家是错误的。这样的人就需要被动的、强制性的学习，这种大量、强制式信息的刺激至少可以提高他愿意主动改变的概率。这个过程我称之为"启智养心"，这也是我发起公益讲座的目的，至少强制性地把智慧型信息灌输给个体，提高个体自主自愿改变和提升自己的概率，强制性地让这些核心信念悲观的个体拥有"志"。见多识广就是很好的佐证。

而"志"从字面理解，就是一个内心要做士的人。士在古代是贵族，是有目标的。有了这个目标，才会有志愿、有志气、有志趣，才会做志士，具备坚决的意志和高尚的节操。这样才会去学习为了实现这个志向目标所需要的所有智慧、意志等各项才能。有目标的学习自然就能生智，就可以反推到我前面提到的"养智"。

"启心养智"中的"智"的含义就包含了智商、智能、智谋，只有以这些为铺垫，才会有才智、机智、理智、明智等，也是少年警校里我勾画在树顶的那些枝叶部分。开启一个人的思维模式以后，他才会愿意主动接受某些信息，有兴趣自主学习、自主过滤信息、选取知识，塑造自我思想，形成自律机制。之后，他就会自己规划目标，设定方向，形成志向。有了志向才会有更高层级的自我要求、自我提升，形成更高层级的自律机制，这就称为智，有了才智、机智、理智、明智，领袖力也就不断凸显，不断提升。所以说启心养智是良性循环的、螺旋式上升的启发式教育机制。

启智养心很有必要，属于他律，这个他律既可以指外界的强制性信息刺激，也可以指自己身体对灵魂的约束。家长也需要我们通过公益讲堂、家长课堂、媒体报道等大量的信息刺激，让他们开始重视养心——育人育心的关键性，最终，才会有意识地做到用"启心养智"的手段和方法去孕育下一代。

启心养智，主要的概念是育人育心、养人养志，让孩子从内心深处爱上生命之旅，激活潜在的生命动力，自己设定人生目标，树立人生志向，自主学习，自我管控。这里的"智"指的是孩子的才能、知识、技能、志向及自律意识。启心养智里包含启心育志，也是激活教育的核心目标。

启智养心，主要的概念是启动智慧，重塑教育者的主流思想，启发他们用启心养智的方法及途径，科学陪伴孩子成长。这里针对的是家长和老师等教育者，目标是实现他律。

启智养心和启心养智相辅相成，密不可分。启智养心是第一步，启心养智是第二步，两者同步才可以"启心养志"。第一步靠他律，第二步靠自律，但最终的改变还需要靠自己，自己激发自己生命的动力，才能最终挑战自己、改变自己甚至是战胜自己。

而这个自动改变自己其实就是目标和梦想。围绕目标和梦想产生自我约束、自我管理的意识，这就是边界意识，用这个边界意识和目标乃至梦想来规范、要求自己，并不断提升自己的过程，长期有效地形成一种固化的行为模式，就是激活教育的过程。比如一个小朋友的目标是当一名宇航员，为此他开始用宇航员的标准来要求自己、约束自己，他不允许自己的身上有疤痕，不允许自己进食不当引起营养不良，努力学习英文、数理化等知识。他还将这些学习内容转化成自己的知识体系，并反复地在提升中不断约束自己的行为，最终实现当上宇航员的梦想和目标。当然，这样的约束不是一次或一个月就可以做到的，自然是从开始自我约束，到坚持一个月，再到一生不间断约束，形成自己的行为习惯，甚至塑造出自己新的性格特征。

◆ **螺旋式自律层级图**

身体器官管理：人首先要管理好自己的身体，保证自己的各个器官维持正常的功能，保证身体健康，这是一个人最基本的自律的体现。比如按时吃饭休息，每天保证身体所需水分的摄入，适量运动等。

服饰管理：一个人的服装要贴合身材，佩饰要符合形象，"人靠衣装"说的就是外在的修饰给人的印象有多重要。

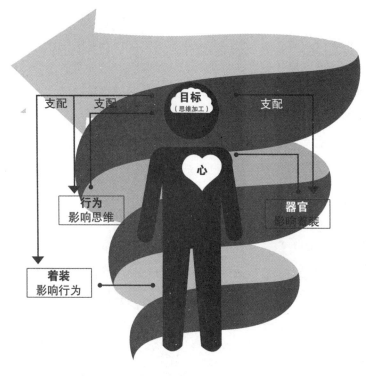

螺旋式自律层级图

社会角色管理：扮演好自己在一个情境中的角色，明确岗位职责和分工，并付诸行动，这是自我价值的重要体现。

思维管理：思想决定行动，行为体现价值，所以说思想是整个自律层级图的核心。有信念、有思想才能有节制，一个自律的人才能称得上是优秀的人。

这四个方面的管理是围绕目标的改变，螺旋式层级递进的。身体器官是生理的，是最基本的自律；服饰是一个人对外最直观的展示，是社交生存技能的自律；社会角色是自我价值和社会价值的体现，在边界范围内做自己该做的事情，是社会规范的自律；思想使人从本质上区别于他人，你有什么样的思想，就会做出相应的行为。四个方面既是递进式的，又是循环式的。一个人的发展一定是从最基本的自律到高级的自律，反过来又用高级的自律去约束每一个方面。反之，自律也会螺旋式下降，如患抑郁等心理疾病后，这些自律层级也会被逐级打破，呈螺旋式下降或直线式下降。

随着目标的不断提升，自律的标准也呈螺旋式递增提高，且每次的层级都从身体器官到身体承载的服饰，再到所具备的礼仪，最后到思想信念，逐级提高自我要求。

1.2 IBF 激活教育的目标

激活教育的核心目标是启心育志，通过启心养智让孩子自动筛选和加工有效信息，提炼出属于自己的核心价值观和信念。在这个过程中激发孩子拥有自己的目标，这个目标就是梦想，也就是志向：阳光自信、自立自强、团结协作、演说表达、学习创新、感恩有爱、以心约体、以礼约行。

评判一个孩子是否优秀不能单纯靠分数，分数只是其中的一个衡量标准，除了下图中的 8 个目标，或许还有更多未探索过的区域。只有将这些核心理念融合到一起，才能成就一个身心健康的人、一个优秀的人。

激活教育中的启心养智课主要针对 6~16 岁的青少年，根据各年龄阶段的特点，以绘画、手工、礼仪、晚会、走秀、竞职演说等不同的形式来进行，主要目标是发展学生的思维能力和探索精神。每个个体都是思维的主体，要注重学生自己的体验和感悟。少年警校要求所有教师必须能够把启心养智的课程理念、思想、内容、方

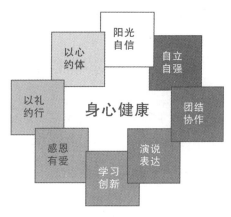

IBF 激活教育的目标

法渗透到整个训练过程当中。

通过将心理学内容融进学科、生活和品行及礼仪等课程当中，利用灵活多变的体验类教学手段，最终使青少年具备未来领袖的 28 项核心素养。因此，激活教育的核心是：启发式发问，体验式感悟，思辨式提升。让孩子在活动或游戏的体验过程中陈述自己的感受，进行启发式提问，再让其检验式感悟陈述，思考辨别老师的问题，进而提升自己的认知观念，重塑新的核心信念，最终重构新的核心支持循环系统。概括起来就是"体验式感受＋启发式发问＋思辨式感悟＋行为习惯重塑＝（无痕教育）核心信念重塑"。如，孩子拖拉，不要急着告诉他这样不行，而是让他为拖拉买单一次，反复问他这次因拖拉引起的麻烦的感受，然后问他后期打算怎么做，最后再一起做计划。

1.3　激活教育的理论根据

激活教育类似于美国的 4H（hand，head，health，heart）教育，都尊崇"从做中学"的理念，但激活教育更注重个体的内在感悟。它有效借鉴了美国提高青少年素质的重要的教育理念和实践经验，参考了 4H 教育向科学、健康生活、公民意识三方面发力的三大主要使命，又参照中国教育的国情，添加了中国的道德准则和未来领袖力考核标准。既鼓励孩子们从大自然和日常生活中撷取知识和掌握技能，又主张孩子们通过人生感悟，学会过滤信息、选择信息，进而在生活中创建积极的人生观念和人生哲学。可以说激活教育是中国版的 4H 教育，也可以说是儿童哲学、儿童心理学、教育学乃至中国儒家思想的结合。也有专家认为 4H 教育对应的是陶行知的教育思想、生命教育思想、健康心理思想和认知心理学。

比如在少年警校里，我们就比较强调编排分队，在竞争中成长。分组求进步，让学生在成长中相互合作、沟通交流，共同面对困难，一起解决问题。如果遇到问题，就要求他们正确认识和评估自己，有效规划自己的学习生活和时间，在理解和尊重他人的基础上自愿克服自己的弱点，主动地迎难而上，在探究中成长前行。

我举个简单的真实案例。少年警校里有一个 5 岁半的男孩，在读幼儿园大班，平时沉默寡言，但是，警校里好几件精彩的手工作品却全部出自他的手。而且这个小男孩竟然可以在很短的时间内数到 400，会计算 20 以内的加减法。一个老师认为这个孩子一定学过奥数或上过辅导班，其实不然。这个孩子的父母对他的教育一直坚持自由化发展和边界方向性指导，从众报班的可能性极小。我向其父母了解情况，得知这个孩子的父亲曾获过奥数冠军，基因的遗传就是原始思维在成长过程中发挥作用的真实体现。与此同时我还了解到，这个孩子家里有两面墙壁，上面的画全部是这个孩子在成长过程中自由涂画上去的。家里的玩具大多是孩子自行挑选的，数量较多的有两种，一种是乐高类积木，另一种是可以自由搭配各种颜色的画册。

将这些线索串到一起得出的结论是，强大的原始思维奠定了孩子的数学学习能力和兴趣，自由的教育方式引导和激发了孩子的创新意识和创造力。所以，再反观这个孩子小小年纪能记住那么多数字，会解答那么多数学题，能制作出那么漂亮的手工作品，都源于他父母很好地遵从了他的成长规律，利用了合适的教育手段激活了他的学习兴趣。这样的孩子天生适合从事设计工作，父母和老师可多往设计创新上引导，为其今后的职业规划指明方向，奠定基石。如果父母认为孩子沉默寡言就是缺点，逼迫他活泼开朗，拼命上各种演说训练班、小主持人班，要求他见人必须打招呼，做客必须懂礼节、守规矩等，不但会忽略了这个孩子的优势，还很有可能激发出孩子的负面情绪，甚至扼杀他的自信心，导致自卑心理的出现，影响孩子的身心健康。当然，做父母的也会深受其累。

1.4　激活教育的范围

心理学家埃里克森说过一句话："父母的齿轮带动孩子的，也会被孩子们带动，祖父母的齿轮也会被孙子女们带动。"家庭的经济状态、家庭成员的社会化程度和精神面貌、教养者对孩子成长的心理准备和预期程度、针对孩子不同时期的教育策略调整等，都在一定程度上影响着孩子身心的健康发展。

本书以父母和老师为横向坐标，以孩子自身成长规律及原始思维为纵向坐标设计了 2 大体系、4 大区块、35 个课题，启发家长、老师用科学的手段引导孩子实现身心健康的健全人格，走向未来领袖之路。每个主题丰富，贴近少年儿童生活，体现时代特点，蕴含教育价值。

激活教育的课程涵盖了科学知识、生存能力、情感态度和具有边界意识的价值观 4 个方面的内容。在协助完善学生的智力因素的前提下，以 3 种关系为切入口，帮助孩子们认识人的生活态度和心理承受能力与困难和逆境之间的关系，让其领悟提高心理承受力、保持积极进取精神状态的重要意义，进而激发孩子们的生命动力。以人与自己的关系为例，要帮助孩子们认识到每个人的智力和原始思维不同，面对的成长环境也不同，但挫折与人生相伴，每个人都会遇到。告诉孩子们挫折的含义及挫折往往引起人们心理和行为上的一些消极反应，认识导致挫折的主观因素和客观因素，清楚挫折的可操控性和双重影响性。协助孩子明白青少年更容易产生挫折感的根本原因。只要在生活与学习中保持积极健康的心态，就可以准确认识挫折，消除挫折恐惧感，处理好人与社会的关系。

从人的一生必须具备的两种能力入手，帮助孩子客观认识学习的意义，树立正确的学习观念，增强学习能力，激发孩子浓厚的学习兴趣，使其学会逐步完善自己的学习品质。用积极正向的状态对待学习压力和考试焦虑，根据产生挫折的客观原因和自己的实际情况，采取恰当的应对方法，不但可以克服困难、战胜挫折，还可以增强自己的抗压系数。

通过引导孩子学会收集、归纳、整理和分析资料的学习方式和方法，启发孩子们领悟创新的重要性，并为其建立一个成长目标，逐步形成开拓进取、勇于创新的精神状态。鼓励孩子们参与课堂表演、亲身参与体验、开口交流讨论、探究真相，引导孩子乐于合作、善于合作，提高与他人交际的能力和技巧，最终，真正做到笑对生活。

老师和家长在教育过程中要从心理品质、思想认识、行为完善、习惯形成等多个方面对孩子进行综合评价，通过日常行为习惯的积累，在孩子内心深处植入一个以法律与道德为准则的成长边界，如意志力强、情感积极、情绪管理得当、品行良好等。坚持用发展的眼光看待成长中的孩子，坚持只要进步就是好学生的观点，不断挖掘孩子的潜力，协助他们构建良好的自我成长循环系统。

1.5　学生特点分析及教学手段要求

当然，因为每个孩子所处的年龄段不同，思想特点、行为惯性也会各不相同，所以，少年警校的分班是按照心理年龄划分，采取大带小，混合插班式教学。6~10 岁属于小班，低龄化；10~15 岁属于青春期大班。

1.5.1　少年警校小班学生心理特点和教学重点

1. 小班学生的心理特点

（1）权威形成阶段，他们会把老师认定为权威，老师在他们的心目中有至高无上的地位。

（2）观察事物比较笼统，往往只看大概，思维主要凭借具体形象的材料进行。

（3）情绪容易冲动，自我控制能力仍比较差，特别容易受他人的影响和暗示，进而产生不自觉的模仿行为。

（4）把所有的事情都当作一种游戏（包括学习），所以，对于学习本身并不感兴趣，而是把权威者的态度是否亲切和蔼当成学习的主要动力来源，特别在意老师的眼神、动作和语言等每一个细节。

（5）自我评价体系还没有完全形成，自己的好坏几乎全部取决于权威者的认可程度。各方面正能量的激励是他们学习的绝对动力。容易看到自己的优点，不容易看到自己的缺点。

（6）对分数成绩的重要性和含义不清晰，所以不能理解家长老师为何会因为不同的分数对自己的印象有所不同。

2. 教学重点

（1）以服务的态度关爱每一个孩子，绝不可撼动老师在学生心目中的神圣地位，尽一切可能深入孩子的内心，激发孩子的学习兴趣。

（2）以互动、参与、动手类具体事物入手，把主动权交给孩子，让他们细致观察、总结思考、内省内悟。教学的教具准备要精细、活泼、有创意，课件的色彩、观赏性要强。

（3）在训练中不断地发现孩子的成长榜样，树立榜样，鼓励学生争做榜样，很好地利用群体激励的功效，让他们在模仿中提高自我控制力和自觉性。

（4）把学习过程有意识地游戏化，让课堂生动有趣，如：预防性侵的知识用手撕画来授课，竞选班级领导时增加才艺表演，礼仪课添加创意走秀等。

（5）教练、老师以表扬为主、以打压为辅，规则上严厉，态度上亲切。允许与孩子有肢体接触，传递能量，如触摸孩子的头，紧握孩子的手，用喜爱的语言表达对学生的爱，即便孩子是课堂上专注度不高的那一个，也必须用看得到的微笑、变化的语言激励他，突出他的能干。

（6）要让孩子学会控制自己，比如控制自己的身体器官，用来倾听、演说、锻炼等。

（7）孩子们出现问题时要精准地指出问题而不是笼统地指责批评，教会他们正确的方法。

（8）绝对不能忽视家长在后期训练效果保持中的作用，教育的成功需要体系的支撑，家长就是这个体系中很重要的一个环节。营训结束当天可给每个家长一份好习惯保持晋升表，协助监管。所以，每次营训都需要有家长的共同学习。

1.5.2　少年警校大班中年级学生心理特点和教学重点

1. 大班中年级学生的心理特点

（1）随着独立性的增强，逆反心理的抬头，是非观念的不坚定，大班学生在这个阶段会犯下许多低级错误。可以说这个阶段的孩子"九臭十难闻"，也是老人常说的"十岁八岁人人烦"。这个时期的青少年极其容易犯错甚至是犯罪。比较典型的就是他们开始尝试撒谎，而且都是一些容易被识破的谎言。

（2）个性差别大。中年级的学生处于形成自信心的关键期。他们中有些人容易在接受别人的评价中发现自身的价值，产生兴奋感、自豪感，对自己充满信心，有时候甚至产生"目空一切"的心态。相反，有些人由于成绩不好或某方面能力的缺失，没有受到班级同学的重视，往往对自己评价过低，失去自信心，开始产生自卑心理。比较典型的就是美国著名的心灵导师卡耐基，他靠对自己清晰的认识，不断挑战自我，挤走了自卑，最终取得了成功。

（3）青春期孩子最大的特点就是如同注射了兴奋剂一样，情绪极不稳定：中年级学生由于生活经验不足但又想按照成人的行事准则要求自己，一且遇到陌生、严肃、冲突、恐怖、约束、指责等情况，很容易产生紧张的情绪。受这个阶段生理因素的影响，他们的自我调节能力比较差，很难有效释放心理压力，情绪很不稳定，极易激动、冲动。你会发现他们经常会因为很小的事而争得面红耳赤，并表露在外，心情的好坏大多数都写在脸上。

（4）这个阶段是孩子们学习成长的分水岭，学习好坏往往会从这个阶段开始区分。随着小学中高年级课程的难度不断提升，很多事情都要靠自己的努力去解决。稍有松懈或马虎，成绩就可能会下降，孩子们对成绩的关注度也比低龄化的孩子更高了，这个很有可能成为孩子人际交往过程中的一个制约性因素。成绩不好或者成绩间有竞争等都会影响彼此间的交往。我接触过很多这个年龄段的孩子，因为学习成绩不出众遭到老师、同学的排斥或排挤，导致孩子厌学、厌世甚至是施暴等情况。

（5）友谊在这个阶段的孩子们心目中开始重要起来，因为孩子们的角色逐渐社会化，对父母的依赖开始减少，不愿意跟父母表露内心，反倒愿意找同学倾诉。孩子们对人对事开始有一套属于自己的评价体系，尤其是对老师的态度，从完全崇拜开始转变为有自己的独立评价。所以你会发现这个年龄段较年轻的老师更容易跟孩子们打成一片，当然也可能会出现孩子们叛逆和对抗老师的行为增多，那都是因为他们自己的人际关系评价体系的转变带来的结果。

2. 教学重点

（1）少年警校的老师要特别注意自己和孩子们交流时的说话方式和态度，特别是眼神，讲课时要把每个孩子都扫描到眼睛里，注意与每个孩子互动，让他感受到你的公平公正、慈爱和中肯，这样才能赢得孩子们的信任。只有让孩子们喜欢上你，他们才会听你的建议和意见，才会对你教授的知识产生兴趣。

（2）少年警校的所有教学都以激发孩子们的自主学习兴趣、增强他们的自律意识、协助他们自发地塑造优良的生活习惯为主要目标，所以，在少年警校的课堂上，提升自我要求的氛围显得尤为重要。要让学生确定自己的学习竞争对手是谁，自己需要如何去做才能尽快实现这个目标。特别要注意的是，要及时对学生的学习成效做精准有效的评价。如果孩子更愿意自主学习了，能够给自己设立自主学习的目标了，就要及时当众表扬。

（3）在教会孩子控制自己的情绪、控制自己的身体、固化优良习惯的基础上，我们还应尽可能地教给孩子们更适合自己的、正确的学习方法。比如，做完书面作业再做运动休闲类作业，比如运用工具书预习的方法等。

（4）对于与生存环境不协调的孩子要特别关注，尽可能做到给予他们更全面的引导和帮助，因为这类孩子之所以会掉队，更多的是跟他的家庭环境、学习方法乃至社交关系模式等有着密不可分的关系。少年警校的老师需要花费更多精力走进孩子的内心，挖掘孩子问题的根源，做到深入探索，刨根问源。比较有效的方法就是用心关爱这类孩子，用爱帮助他们，用技巧推动他们进步。比如有效的激励这类孩子，协助他们设置大目标，逐个完成小目标。多给他们一些带领小班训练的任务，让他们在带领小班孩子的过程中获得成就感，在与优秀大班生的互动过程中学习他们的优势。

（5）少年警校的课堂教育需要做充分的准备，通过各种道具、各个环节的设置，让学生在课堂上深入参与互动。

（6）少年警校的授课方式本身就是大带小、小配合的模式，所以在少年警校的授课中要充分发动小队长、中队长、大队长等各级班队会的作用，协助学生准确认识自己，客观看待、评价自己和他人，让孩子们学会用尊敬长者、尊重同学、赞美伙伴、诚恳待人的人际关系处理准则，并运用准则与人相处，不断强化他们的合作意识。当然还要教会孩子及时、有效地捕捉自己的情绪，学会调节自己的心绪。要让孩子们明白学习是提高一个人明辨是非和掌控自己及局面的最好的途径，促进孩子们形成积极阳光正向的情感、价值体系。

1.5.3　少年警校大班高年级学生心理特点及教学手段

1. 大班高年级学生的心理特点

（1）大班高年级学生在少年警校里一般担任着领导者角色，但由于其生理上的变化和抽象思维能力的进一步完善，自我意识也逐渐增强，他们几乎已经可以摆脱外界评价体系对自己的决定及行为的影响，基本上可以根据内在的行为准则来约束自我、调节心境、控制行为。最关键的是他们对事物的评判开始从表面的初步认识转向了对自己内心世界更深入的认知。可以说这个时期的孩子的言行不再是冲动或者儿童化的产物，而是具备了一定的思想基础。所以，老师可以将自己的一些思想理念传递给他们，由他们用自己的行为示范来影响其他的弟弟妹妹，与此同时，因为他们领导者角色的设立，也会增强这些孩子的领导力和自信心。

（2）受前面思想基础的影响，大班高年级学生的求知欲望也会逐渐增强，但由于社会大环境的影响，周围纷繁复杂的各种信号刺激过多，容易导致孩子们辨别不清，误入歧途，伴随而来的便是问题少年的产生。比如网络黄色暴力图片泛滥，出现早恋、校园霸凌等事件。再比如科技发达，通信工具发展迅速，导致不少孩子依赖手机、网络成瘾等，都是由孩子们没有分清当下生活的主次任务，迷失方向所致。

（3）少年警校的老师们要时刻注意青春期孩子因生理变化及心理不成熟和以成人化准则自我要求等特点引起的内心的系列矛盾冲突，尽可能多地用行为导入意见和建议，而不是一味说教。避免出现因青春期少年固执己见、盲目拒绝他人的劝告和建议产生冲突，进一步激起这个时期孩子的逆反心理。

（4）少年警校的老师要科学认识大班高年级学生在思维、认识和兴趣爱好等方面的差异化需求，切勿给孩子固化各种以"不许"开头的任务，以免扼杀孩子创新和探索的积极性。由于当下家庭对孩子全面发展的要求逐渐提升，不少全能型学生凸显，但一旦能力不及他人时，很容易就会出现情绪对抗、自卑等现象。老师要及时捕捉这类信息，及时疏导，迅速处理。

（5）老师们还需要把握大班高年级学生开始思考人生和未来的关键时机，及时与之互动，激发他为自己的未来积极主动克服困难的意愿。

（6）老师们需要明白这个时期的孩子不再唯命是从，老师切不可用指责、命令的口吻给孩子们下达任务，以免引起逆反情绪。抓住他们这个时期对朋友的依赖和信任感剧增的特点，用朋友的方式与其对话交流效果更好。比如，一个不爱学习的孩子在课堂上扰乱了秩序，影响了其他人，你若当众指责，结果便是孩子越发叛逆，甚至会有更多糟糕的连锁反应，老师的话就令他更加难以接受。最好的方法是单独跟他沟通，共感他的情绪，挖掘他的情感，会让孩子因内疚而收敛。

（7）老师们要清楚地知道这个时间段的孩子既有着青春期的好奇心，又忍受着莫名的焦虑和担忧，老师大可不必回避一些敏感类话题，尽可能做到知无不言，言而有据，越科学越值得信赖。实在说不上来，可承诺课后一起查阅资料，共同探讨学习，增进与孩子共同解决问题的亲近感。

2. 教学重点

（1）少年警校的教师尤其要注意自己的言行，发自内心的真诚和亲切更容易让你将正确的思想传递给孩子们，这样的老师也才会获得更多学生的尊敬和爱戴。批评要适度，鼓励要精准。遇到具体问题要具体分析，透过现象看本质，根据本质针对性地下良药，孩子们打心眼里信服崇拜，才会决心改变。

（2）只要你协助孩子们找到他性格中的特点，就能给予属于他的那份自信，化缺点为优点，把优点做提升，相信一定可以激活每一个孩子的学习动力，使他们自主地设立学习目标和人生规划。

（3）少年警校里有一节必修课，即"植入信念"，这门课的设置就是为了让孩子们深刻地感受到坚持的意义，进而帮助他们建立积极进取的、阳光的人生态度，让他们拥有正确的竞争意识。其实，课堂上可以适当加入一些辩证的哲学性话题，增强孩子们的辨别能力，强化他们对"成功"与"失败"的辩证关系的理解。

（4）无论是日常的自我管理，还是日常的学习生活，只要我们教会孩子们管理时间的技巧和方法，就可以帮助他们取得更理想的成绩。比如可以教会孩子们利用课堂上的时间和课后的时间，以及将碎片时间大片化的利用技巧等，都有助于他们的发展。

（5）老师对教学目标要有整体的把握，连贯性、逻辑性和思维性都要强，要让孩子们尽早建立较完整的认知系统，不至于东一榔头西一棒槌，毫无节奏可言。

（6）课后作业的布置要因人而异，根据个体承受能力而适当考核。比如，每个孩子在学校肯定都是星星，但有的是一星小队长，有的则是两星大队长，甚至是局长，但是，孩子们的共同目标都是优秀局长，无论在学校是什么阶位，回到家里都需要继续保持进步，否则，一次降级就意味着会被其他人超越，要培养他们坚定、坚持的意识。

（7）利用分组、分队、分班进行有效的主题训练，将品格培养融入日常：如尊重、幽默、永不言弃等。

（8）对于青少年的教育，老师要做到从思想意识本身着手，高度重视核心信念的塑造，态度上要明确，引导手段要自然随和，棘手的问题要疏导而非堵截，切忌过度敏感，将小事情扩大化，贴标签。

1.6　未来领袖必备的 28 项基本素养

霍华德·加德纳在 1983 年提出来的多元智能理论中的八大智慧，即人际沟通智慧、肢体动觉智慧、音乐智慧、语言智慧、逻辑数学智慧、视觉空间智慧、自然观察智慧、个人内省智慧，结合少年警校的实际操作经验。[1]IBF 激活教育对青少年未来发展素养提出了 28 项基本素养。

这 28 项基本素养既是人与自己、与社会、与自然处理关系时的核心参考准则，也是家长和老师在教育引导孩子时的重要坐标。同时，它们还是我后面会讲到的人必须具备的边界意识中的重要组成部分。

1. 创造力

创造力是指常常有新的主意和想法，喜欢创造新奇的东西，常常能想出做事的不同方法，常常用不同的方法做事，喜欢学做不同的事等。

培养策略：

（1）鼓励学生用多角度的思维方式考虑问题和做事。

（2）赞赏孩子的机灵、足智多谋，善于举一反三，触类旁通。

（3）鼓励学生对事物进行观察思考后提出自己独特的见解，一旦有了目标，就要用坚持不懈的行动来达到该目标。

（4）让孩子明白眼见未必为实，要进行系统思考分析和实践，让他们明白做事不要完全受陈规束缚，能灵活运用知识和经验，要敢于想出新思路、使用新方法。

（5）通过鼓励式引导，充分利用青少年儿童的好奇心，不断发掘他们对自己喜欢的事情的创造力，提升他们的创新意识。

2. 好奇心

孩子喜欢提问，对各种事物都很感兴趣，对事情的来龙去脉更是感到好奇不已，总想知道更多，对许多事情总是有许多疑问，对不熟悉的人、地方或事物总是感到惊讶和奇怪。

---

① 加德纳. 智能的结构 [M]. 沈致隆，译. 杭州：浙江人民出版社，2013.

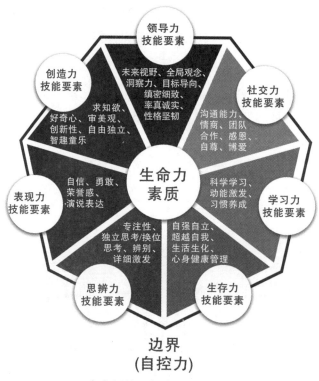

未来领袖必备的能力和素养

培养策略：

（1）表扬、鼓励他们的好奇心。

（2）通过历史典故、游戏规则让孩子们尽早明白任何事物都有两面性，这是社会发展的规律，不要有任何偏见，用开放的心态接纳自己的好奇心，用想象的眼光看待对事物的兴趣。

（3）抓住孩子的细小表现，用放大镜赞扬孩子爱提问、爱探究的行为。

（4）帮助孩子们一起寻求新奇，陪伴他们对事物的敏感，启发他们积极接受新事物。

3. 开放的思想、广阔的视野

开放的思想指喜欢用不同的方法解决问题；做出一个决定时，会考虑每个选择的好处和坏处；愿意听取别人的意见，最后做决定前会考虑所有的可能性，经常能想到令所有人都满意的解决问题的办法。

培养策略：

（1）通过团体式游戏，让孩子多角度、多层次考虑问题，并从各个角度来检验问题，不草率下结论。

（2）所有教案引导语中都要启发孩子们搜集信息，依靠信息作为证据做决定，面对证据能够敢于改变观点。

（3）通过团体活动，让孩子们学会慎重考虑每件事的所有影响因素，不轻易否定自己，也不轻易妄断他人是非。

（4）通过思维导图锻炼学生的逻辑思维能力和思辨能力。

（5）要让孩子拥有"地球村"的概念，用国际化视野看待事情，取其精华，去其糟粕。

4. 科学认识学习的意义

学习是为了让自己拥有思想，有了思想就有了自由，有了自由就有了选择。学习无处不在，每个人学到新东西都会开心，孩子也不例外。不是所有的学习都是为了记住或学会，而是让自己的大脑有更多做选择的机会。

培养策略：

（1）让孩子明白学校是集中学习的场所，你是因为有人可以陪你一起学习而来到这里的，而不是为了死读书。

（2）通过图书游戏，让孩子知道图书是学习的重要工具，可以不喜爱它，但要学会用好它。当然，若是既能做到喜欢它，又可以用好它，那么，你距离成功就更近了。

（3）网络的发达并不可怕，可怕的是没有学会如何利用它。教会孩子善于从报刊、电视、网络等媒体上获取更多信息，不要放过参观博物馆等任何学习的机会。

（4）通过日常生活管理中的某些细节，训练孩子从日常生活中学习知识、掌握技能、增长见识、积累经验的意识。

（5）老师、家长自己要对新事物感兴趣，才能带动孩子们积极主动接近、接受新事物。

（6）让孩子为了自己的目标自愿学习，而不是采用强迫式手段诱导孩子学习。

5. 洞察力

让孩子明白虽然战胜困难很难，若自己愿意战胜困难就会很容易。即使再怎么困难，都可以做出正确的判断，知道什么事情是重要的。紧要关头，能及时提出较好的建议，迅速找到解决冲突的办法，尽可能少地做出错误的选择。

培养策略：

（1）通过团体体验，鼓励学生透过现象看本质，根据线索摸事实，根据事实讲通道理、寻找意义。

（2）通过体验感悟式教学，教会孩子抓主要线索，根据重要信息预判事物的走向，让他们学着正视和解决生活中重要且复杂的事情。

（3）根据前面的 4H 激活系统，让孩子拥有一套自己的识人系统，让孩子们明白看人看准，交友交心的社交技巧。

（4）不断重复练习，让孩子可以处理、善于处理重要且复杂的事情。

（5）通过双人舞的教学手段，让孩子们懂得社交中真诚的重要性，让他们懂得帮助别人分析、解决难题，让他们以能够为他人提供有智慧的忠告而更加自信。

6. 率真诚实

告诉孩子，出现问题主动承认错误，不是为了告诉别人自己有多勇敢，而是让自己不要留下遗憾，因为任何一个谎言都需要用无数个谎言来弥补。信守诺言，有担当，才能赢得别人的信任和自己的尊严。

培养策略：

（1）用真诚的育人态度，以身作则，教孩子们学会真心实意，不虚伪。

（2）用求真的状态言传孩子真实坦荡，不畏困难，不掩饰躲藏。

（3）用实际案例告诉孩子真挚诚实之益，说谎骗人之害。

（4）用新闻热点、历史名人教育孩子诚恳正直，对自己的言行负责。

（5）用身体语言引导学生精准表达需求，保证真实的需求和情感的准确传达。

7. 勇于对抗困难，敢于超越自己

这个世界上只有一座高山会阻挡自己的去路，那就是自己心里的山。面对任何违背规则的事情都理应勇敢地站出来，比如被不公平对待的时候，看到弱小被欺负的时候等。只要是维护弱者的利益，只要是正确的事，即使要冒着自己不被欢迎的风险，也要有勇气去做。即使你会感到害怕，也要坚持去做，只要符合社会准则、道德法制，就不怕被人排斥和取笑，因为符合原则的必是社会需要的，也是内心该遵循的。

培养策略：

（1）通过信念的植入，引导孩子们遇到挑战、威胁、挫折、痛苦不退缩，目标清晰、意志坚定。

（2）通过感恩生命之旅，告诉孩子们生命的意义和价值，发自内心地勇敢面对困难。

（3）通过强大目标的树立，正向思维的调整，让孩子们遇到重大事件或面对顽固病魔时，依然能坚忍、镇定地应对，甚至可以乐观和阳光地面对。

（4）用一滴水的实验（一滴水融入大海就消失了，滴在一个杯子里却很明显，积累多了杯子就满了），教会孩子们用接纳的胸怀看待对手，即使持反对意见，也能为正确的事情辩护。

（5）通过观看青少年联合国会议，让孩子们正视世界之大，学海无涯，自己的能力和眼界是局限的。学会用谦卑的态度约束自己的行为，即使不被

大多数人支持也依然可以用正确的信念行动。

（6）告诉孩子们可以勇敢但不能不知敬畏，尤其要学会敬畏自己的对手。

8. 目标坚定

告诉孩子们虽然距离成功很远，但是认真坚持了就会变得很近。把做功课看作实现自己梦想和目标的主要通道，分步完成，做完时就会变得很轻松。如果任务很困难，不要急着放弃，告诉自己困难是成功前的黑暗。即使很不想完成某个项目，但以成功前的黑暗的信念做支撑，还是会顺利完成。失败是成功之母，即便最终真的失败了，尽力过，不后悔。戒骄戒躁，才不会因为缺乏耐心半途而废，一旦订下了锻炼或学习计划，就按照目标坚决执行。

培养策略：

（1）借助影视类作品赏析，引导孩子说到做到，坚持完成已经开始的事。

（2）训练孩子用信念支撑肉体，让他们试着无论面对怎样的任务，都会尽力完成。

（3）通过野外生存训练，让孩子们接纳有挑战性的工作或事项，有成功完成的决心和信心。

（4）通过棉花糖游戏引导孩子们，任何事情都是从小到大，有原形才有复制品，而原形的塑造则是靠勤奋、用功、耐心及锲而不舍的精神来实现的。

（5）用注意力训练的手段，训练学生做事时切忌一心两用，还要有恒心。帮助孩子们完成某项任务，分享他们从中获得的喜悦感和价值感。

9. 热爱生活，行动和坚持

做自己喜爱的事情会乐在其中，不怕累，永远充满热情。因为热爱所以主动，因为主动所以善于发自内心地对各种类型的人和事发出友好的信号，自然也就很容易与别人亲近。因为拥有了良好的内在支持系统，又获得了外在力量的支持，形成良性的生存循环系统，就会激发出他们的激情，学习起来自然感到精力充沛。

培养策略：

（1）教育学生乐观面对一切事物，做每件事情都带着激情和灵感，这种热情状态很有感染力。

（2）教育学生做任何事情都要积极、主动、兴奋。

（3）教育学生努力做到精力充沛，无论做什么都全心全意、竭尽全力，不三心二意或半途而废。

10. 用好耳和嘴，管住手和腿

朋友不开心的时候，会用耳朵认真聆听，会用嘴巴贴心安慰。有人生病或遭遇困境时，会为他们担心，帮助他们。当别人有困难时，会很关心别人，尽最大努力帮助别人，即使很忙也不会拒绝帮助别人，一向对人友善、仁慈。

培养策略：

（1）通过社交障碍的典型案例引导孩子们：与人为善，才得善始善终。光有善心还不行，还要伴随善行。

（2）做纸三角的实验，用同样一张纸可以折出好几种三角形，虽然形状有变化，但质量从来没有改变。大多数人喜欢没有折痕的小三角形，而大的三角形虽然有折痕但面积大。引导学生换位思考，有同情心，理解别人，关心别人，并从中获得乐趣。

（3）通过改编祖先造字及老子的《道德经》的精髓，将哲理性语言转换成故事，

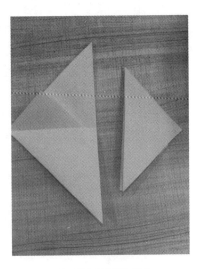

三角形理论调整认知

让孩子们理解"舍得"之间的辩证关系，让孩子们对别人仁慈和宽宏大量。

11. 博爱

水能载舟亦能覆舟，不但可以运用到事业上，家庭和学习上也一样。无论你的父母给予了你什么样的童年经历，他们的初衷都是爱，他们在用爱承载着你的小舟，要学会感恩。一屋不扫何以扫天下，用爱征服了最亲的人，才有机会获得更多的爱。包括那些伤害过自己的人，也不愿意看到他们过得不好，会与朋友或家人分享自己的感受，经常对朋友和家人说爱他们，用行动让他们感知你的爱。今后遇到困难时，身边仍会有人爱你帮你。

培养策略：

（1）教育学生珍惜与别人的亲密关系，特别是那些互相分享和关怀的关系，但要注意关系之间的界限，不可为人忘我，更不可唯我独尊。

（2）通过孔融让梨等历史典故，结合手指游戏、双手互动游戏等引导学生拥有去爱和被爱的能力，告诉他们那些给你最亲密感觉的人，他们同样感到跟你最亲密。

（3）通过神话和哲学故事，让孩子们明白人是群体性动物，人的一生都需要拥有爱。只有先抛出橄榄枝，才能赢得更多人的接纳、喜爱、亲近和需要。

12. 良好的人际交往能力

社交能力是内在健康的一种外在体现，更是引起诸多病变的核心因素。拥有良好的人际交往能力，才能得到更高层次的精神需求。在大多数社交场合中，谈吐和举止需要符合社会道德准则及法律法规，才能进一步满足得体的需求。得体的谈吐是建立在健康的交际模式之上的，也就是说一个人拥有了健康的交际模式，会明白说什么话会让别人舒服，怎么说、怎么做可以避免与别人发生矛盾。知己一个足矣，但朋友却越多越好。那就要求我们把任何陌生人都当作新朋友来对待，才能赢得更好的人际关系。

培养策略：

（1）帮助学生了解和理解自我，准确地找到自己的位置，知道如何做能适应不同的社会情境，充分地把自己的优势和兴趣利用起来。

（2）让孩子们明白，一个事件发生以后不要急着下定论，而是要站在对方的角度理解他人的做事动机和心理感受，这样就更加容易接受别人的思想和情感，也方便识别他人情绪的变化，自己的社交关系也就不太容易受到影响。

（3）社交需要主动与人交往，需要把每个身边的人当成朋友去交往，即便你不怎么喜欢他，可以不主动交往，但也不要排斥交往。

（4）强时懂得谦卑，弱时懂得不卑不亢，就能够与他人建立信任。别人不会因为自己的权威而害怕自己，自己也不会因为别人反对而觉得自卑。

（5）处事要多看人之长，常观己之短。善于欣赏、赞美、激励他人是最好的社交技巧。

（6）即便与朋友发生矛盾，只要认识到自己的错误，就敢于当面道歉。

左手打右手，感受疼痛，让孩子明白社交力的作用是相互的，当你攻击讨厌对方时，对方也会反击反感你。

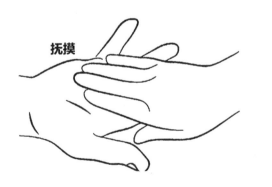

关系间力的作用图

关系间力的反作用图

13. 公平公正

无论是在家里还是在学校，都要平等对待每个人。即使不喜欢某个人，也要公平地对待，不要剥夺别人的机会和权利。每个人的意见都很重要，即使是最亲密的亲人朋友，也要同等对待。

培养策略：

（1）告诉孩子们看事情要公正合理，不能因自己的偏见影响任何决定。

（2）居功不能跋扈，更不可自傲，有权力时给身边每个人同样的机会。

（3）让孩子记住己所不欲勿施于人，万事自己先身体力行，才可公平要求别人。

（4）好事面前，对人对己一律平等。

14. 领导力

领导力的首要前提是自信，自信体现在演说和肢体语言上，而支撑这些的则是先进的思想、卓越的决策、不畏艰难的行动力，可以说是前面所有要素的概括。靠行动带领大家，靠人格魅力凝聚大家，靠演说技巧制胜，才能成为让人信赖和尊敬的领导人。

培养策略：

（1）引导孩子学会使用思维导图，训练他们的宏观决策能力和筹划能力，帮助他们从小目标着手，从大局出发，制订长远发展规划和终极目标。

（2）通过对成功案例的分析、解读和总结，让学生在角色扮演中明白成功不仅需要坚持信念，还要有雄心、有信心、有精力、有毅力。

（3）身体力行，鼓励团队成员参与决策、管理，从不批评和打击成员的积极性和工作热情，用思想带领团队发展，不用插手具体细节，让队友感受到的永远是信赖和尊敬。

（4）帮助孩子们学会快速阅读和快速记忆的方法和技巧，进而让他们具备快速识别主要矛盾的能力，掌握用人技巧。及时协调关系，化解主要矛盾，营造良好氛围和团队关系。

（5）教育学生相信，团队成员个个都是最棒的。

（6）训练孩子们学会公众演说，让他们知道人才不一定有口才，有口才一定是人才，领导者要敢说、会说、能说、善说、想说、巧说。

（7）一个好的领导者必须学会时间管理，才能规划出美好人生，带领出卓越团队。

（8）教会孩子懂得设定目标，学会调节情绪，在学习中掌握达成目标的有效方法。

15. 团队合作意识

少年警校里必须遵守大带小、小服从大的模式，这个模式不仅贯穿在日常的专家授课环节，还要贯穿在宿舍、小组等合作环节，培养孩子们的团体合作意识。要让孩子们明确，主动表达自己的想法，假如团队没有采纳自己的想法，也可以做到和团队继续合作。即使团队任务失败了，也可以以公平的态度坚持比赛。有合作精神，总是愿意为自己的团队多做点事。在活动中学会等待，不会因此感到烦躁。如果不同意团队的决定还是会去执行，也会尊重团队中其他成员的意见，任何时候都会忠于团队。

培养策略：

（1）帮助学生融入团队，有凝聚力，有归属感，为团队建设尽心竭力。

（2）教育学生忠于团队，自觉维护团队利益，并积极、主动、认真、负责地做好本职工作。

（3）教育学生尊敬领导，但不愚昧而自动地顺从他人；有自己的想法和思维，但会顾全大局。

（4）尊重团队目标，虽然有时团队目标会与自己的目标不同，但仍然尊重并重视团队的目标。

16. 胸怀宽广，包容性强

如果伤害过自己的人道歉了，会原谅他们，再给他们一次做朋友的机会。心平气和地对待对自己不好的人，不会跟他们算账，一般不与别人争论。

培养策略：

（1）教育学生对那些犯错误的人宽容，原谅别人的过失，给他人第二次机会。

（2）宽恕那些得罪过自己或欺负过自己的人，报复心不重。

（3）在原谅了欺负自己的人后，心理会从负面消极的报复或回避转为积极友善、宽宏大量或乐善好施，心中不存怨恨。

17. 谦虚低调

即使很擅长某件事情，也不会炫耀，做了好事，自己一般不会说，即使做得很好也不会表现得很骄傲，不显摆自己的成就，不大喜欢只谈论自己，而是让其他人有机会讲他们自己的故事，即使做了好事，也不张扬。

培训策略：

（1）教育学生为人低调，不招摇，不寻求成为他人关注的焦点。

（2）做事低调，不张扬，不炫耀，让自己的成就为自己说话。

（3）不认为自己很特别，常常虚心向别人请教。

18. 谨慎仔细

无论做什么都很细心，做事都是经过大脑思考的。只有掌握了充分的事实才会做决定。做事前会考虑后果。不会连续两次犯同样的错误，不会做自己以后可能后悔的事。

培养策略：

（1）教育学生做事之前考虑周到，深思熟虑，仔细评判利弊得失，小心地做出选择。

（2）做事过程注重细节，认真细致，确保准确无误。

（3）小心慎重，不随意冒险，不做自己以后会后悔的事， 也不说将来会后悔的话。

19. 边界意识

做任何事情都会三思而后行，有边界意识地处理所有事情。如果有钱，通常会有计划地花销。当想要某件东西，可以等待。愤怒时，可以控制自己的情绪。今天能做的事，不会留到明天。如果现在不能做一些事，可以等待合适的机会再去做；即使想说某些话，也可以控制自己不说。

培养策略：

（1）让孩子从小就清楚不能随心所欲，自觉控制自己的欲望和冲动，等待恰当的时机。

（2）自觉控制、调节自己的情绪。

（3）有纪律，自觉规范自己的感觉与行为，自觉遵守法律法规，自觉遵循道德规范，注重礼仪。

20. 艺术审美

拥有一项爱好，喜爱美术、音乐、舞蹈和戏剧，善于发现日常生活中的风景，驻足欣赏，把关注美丽事物当作生活的乐趣之一。定期观看美术作品、话剧、音乐剧等，懂得调节生活。

培养策略：

（1）训练孩子的正向思维，发现生活中美好的一面。

（2）让孩子接触高雅的艺术创作过程和作品，让他们掌握欣赏美的技能，找到欣赏大自然、艺术、科学等各领域美的门道。

（3）让孩子从小至少掌握一项舞蹈、钢琴类的艺术技能，用来调节生活中的不良情绪。

（4）带孩子参加团体式艺术交流活动，激活他们潜在的艺术细胞。

21. 感恩惜福

孩子应学会感恩父母，珍惜生活给予的一切。让孩子从小明白生活不会亏待任何一个努力的人，也不会优待任何一个抱怨的人。同样的出身，不同的态度将塑造出不同的人生。以感恩之心看世界，会获得更多的爱。

培养策略：

（1）引导孩子们开口表达自己内心的谢意，常常通过行动表达谢意，才可以让身边的人感知到你的爱。

（2）通过带领孩子们观赏世间的万物，教会他们发现美好事物，并心怀感谢。

（3）引导孩子们用博大的胸怀欣赏他人的优点，包容他人的缺点，即便是敌人也可以客观地看待对方的优缺点。

（4）教会孩子们习惯性地觉察发生在自己身上的一件甚至是更多件好事，表达谢意。

（5）教会孩子们当好事发生时，会想起帮助过自己的人，当坏事发生时，会从多角度看待事件，感恩事件中好的因素。

（6）让孩子亲身体验越感恩越幸运的道理。

22. 自备蓄电池

无论做什么事情，总能感觉到希望的曙光。坚信再糟糕的事情也会有好的一面，万事万物都不是完美的。境况再糟糕，都可以怀着希望努力克服困难。

培养策略：

（1）引导孩子们从小树立远大目标，通过各个小目标的实现，让人生充满希望（见前面的螺旋式自律层级图）。

（2）让孩子从小就知道生命的含义和价值，树立生命追求，做好迎战准备。

（3）从悲惨的事件中挖掘希望，塑造孩子乐观积极的心态，享受生活。

（4）用驾驶车辆的案例鼓励孩子们将生命的转向盘掌握在自己手上，让他们对未来充满信心，坚信幸福掌握在自己手中。

23. 幽默感

真正成功的领导者懂得自嘲，将别人的快乐建立在自己的快乐之上；常常通过幽默案例帮助他人摆脱坏心情，增添好心情；善于打破沉闷，使气氛变得更加活跃，让生活更有趣味。

培养策略：

（1）通过事件分析让学生看到生活轻松的一面，引导他们活在当下，给生活增添乐趣。

（2）让孩子至少掌握一项与自己性格相匹配的才艺，勇于在公众面前亮相，善于用自嘲、滑稽、俏皮、笑话等方式调动气氛，营造轻松、愉悦、欢快、开心的氛围；绝对不可嘲笑、侮辱、戏弄他人，避免攻击性的幽默。

（3）让孩子至少学会两三个幽默的段子，随时填充自己的话题空间。

24. 强大的信念

通过大量系统的学习，通过独立思考和筛选，构建自己的知识系统，明确自己的人生方向，并坚信可以通过自己的努力和奋斗最终实现梦想，没有行动的目标是空想，不够坚定的目标是浮云。

培养策略：

（1）告诉孩子至少有一个目标，可以让自己有追求、有寄托、有行动。

（2）通过名人事迹、历史典故，帮助孩子树立人生目标，设定人生理想，并通过达成小目标来强化信念，让一生过得精彩而有意义。

（3）陪伴孩子一起阅读，博览古今，告诉孩子们如何将这些信息系统化地串联和归类，形成自己独立的思想。

（4）家长、老师要根据孩子的特点明确训练目标，把目标分解为系统化的小目标，以便孩子们认真坚持操作。

（5）帮助孩子们把日常行为规范与信念关联化、定量化、明确化。如，每克服一个缺点即为信念坚定了一个层次或一个等级。

25. 财富观念

让孩子明白，无论今后是从政还是从商，还是单纯地服务于某个行业，财富都是生存必不可少的因素，也是生活得更加美好的核心因素。要让孩子从小学会投资理财，树立正确的金钱和财富观念。

培养策略：

（1）告诉孩子财富是衡量成功与否的核心因素，但并非唯一因素。

（2）让孩子明白财富是决定幸福指数的重要因素，但不是主要因素。

（3）通过财商课训练孩子，让他们清楚财富是赖以生存的物质基础，但不是所有财富都值得竭尽全力，必须做到君子爱财，取之有道。

（4）让孩子形成正确的消费观念，如在购买玩具和学习用具时要优先购买必需品。

（5）日常生活中，可鼓励孩子们将零花钱、压岁钱进行投资，获得收益。

（6）让孩子从小学习制作账单账簿，清晰收支之间的关系。

26. 荣誉感

让孩子从小树立光耀门楣、报效祖国的雄心壮志，孩子才可以在这个边界内自觉剔除许多陋习，以人才自居，以这样的处事准则为伍。在做任何事情的时候会考虑到父母、亲友和祖国等，让父母感动、让亲友爱人幸福、让祖国自豪。

培养策略：

（1）发挥老师和家长等榜样的力量，比如少年警校会让名人、名家、名舰长等与孩子亲密互动，对其加以引导，树立目标。

（2）引导孩子关注时政要闻，让他们从小就有家国情怀。

（3）陪伴孩子学习古今名人名士的经典事例，激发孩子的荣耀感。

（4）角色扮演，让孩子在家里扮演社会主要角色，以便感受荣誉感并留下深刻记忆。

（5）带孩子参与国家乃至国际大型活动，如奥运会等，让孩子身临荣耀氛围，激发内在的荣誉感和动力。

27. 健康的心灵和健壮的体魄

没有这一项，前面的一切都是空谈。所以，我们需要让孩子在生活、学习及行动中时刻铭记这一项，懂得掌握生活中的平衡点，既不消极抱怨，内心也很富足和谐。

培养策略：

（1）做好前面 26 项中的所有内容。

（2）陪伴孩子坚持锻炼身体，注意饮食安全及营养。

（3）通过捕捉自己的呼吸频率，让孩子学会随时关注自己的身体、内心和思想。

（4）让孩子学会清空情绪垃圾。

（5）让孩子学会用思维导图，系统分析生活利弊，随时掌握生活平衡的支点。

（6）让孩子学会寻找生命能量和生活资源，不断丰富自己的心灵，并按照螺旋自律层级不断提升自我。

28. 家国情怀

先有国后有家，先有种族后有独立的个体。如果丢失了这一观念，一切都是枉然，因为只有在和平年代，我们才能自由地成长。

综上，如果要帮助孩子取得巨大的成功，就要利用以上信息不断激发孩子的各项潜能。只有通过系统的、有目标的培训，才能彻底激发孩子的潜能，让他敢于迎接、有能力和实力迎接人生中任何一次挑战。学会以上内容，即便做不到社会的顶层，也可以因此受益终生。这里说的未来领袖不是指某个岗位，而是指具备领袖力思维的人。

1.7　少年警校青少年训练成果考核标准

一个人健康与否的首要标准是是否可以适应群体化的生活，而一个人是否优秀的首要标准则是是否自律，能否管理好自己的内在及外在。少年警校的训练目标就是培养卓越的青少年儿童，卓越的根基则是身心健康。也就是说，少年警校的训练成果的标准建立在身心健康的基础之上。根据激活教育体系的教育范围及技巧，体现训练成效的主要维度有两个，一个是外在，一个则是内在。

1. 外在标准

少年警校考核的外在标准是管理好自己，而管理好自己的首要标准则是管理好自己的肉体，即身体器官（含耳、鼻、口、手、眼、四肢等），而管好身体器官的第一项就是管好自己的嘴巴和排泄器官（肛门）。嘴巴有两项重要功能，第一项是将自己的思想用嘴巴传播出去，即讲话；第二项功能则是进食，为身体的其他器官供应养料，确保身体机制运转。

（1）孩子一天进食量不得低于三餐，每餐的用餐量不得低于1两饭（或半个以上的常规大小馒头）。

（2）保持良好的排泄习惯。

（3）孩子能否主动张口打招呼，或点头示意问好。

（4）孩子能否在团体活动中发表主观意见和建议。

（5）孩子能否在团体活动中或课堂上坚持20分钟内不做小动作（小班孩子根据年龄确定专注时间）。

（6）孩子能否能将自己的身体不适情况及时准确地传达给老师。

（7）孩子能否在遇到困难时先思考，尝试失败3次以上再求助。

（8）孩子能否自主整理警容（含警帽、警鞋、徽章等警用物资），即管理好身体上携带的所有物品。

（9）孩子能否管理好个人用品（含被褥、行李）及公共卫生区域等。

（10）孩子与同学摩擦冲突时，能否管理好四肢，不做过激动作。

（11）团体利益和个人利益相悖时，尊重团体利益。

（12）在国家利益面前，控制私欲。

2. 内在标准

（1）孩子是否具有自律的意识，管理好自己的身体和思想。

（2）孩子是否有边界意识，懂得尊敬师长、尊重平辈、关爱幼小，这和外在标准里的主动张口是紧密相关的，有了内在的边界意识，才可能有主动张口的行为。

（3）孩子是否有领导意识，可以主动发表公众演说。

（4）孩子能否在身体不适时，控制自己的情绪，精准表达。

（5）孩子能否在处理关系时，遵守情感界限，具有关爱自己的意识。

（6）孩子是否具有控制自我的意识，能在受到挫折时，尊重自己的情绪，迎战困难。

（7）孩子能否具有明确的人生目标及规划意识，即梦想和近期目标。

（8）孩子是否具有自律观念。

（9）孩子能否具有主动学习野外生存技能和社会生存技能的意识。

（10）孩子是否具有挑战自我的意识，能迎难而上。

（11）孩子是否具有团体意识，将团队荣誉放在第一位。

（12）孩子是否具有爱国意识。

根据孩子不同的年龄段的特点及训练目标，我在本书中特别设置了相对应的课程，分布在相应的章节中，它既是少年警校的课程，同时也具有普遍适用性，我希望有更多的家长能够掌握这门技巧，帮助自己的孩子营造舒适的心理环境。

第 2 章

三种关系：人与自然、人与自己、人与社会

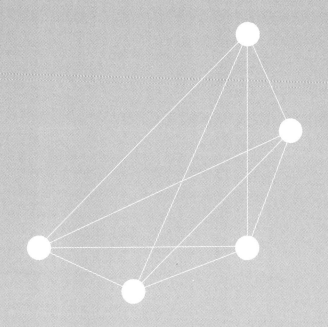

2.1　人与自然的关系

我们生活在一个由大自然构成的世界中，每时每刻都在和大自然中的各个物种打交道。我们举目所见、举手所触，无一例外都是大自然的馈赠，就连我们自己也是自然界的一个物种。我们曾经那么依赖大自然，我们臣服于它，甚至对大自然产生过崇拜和恐惧。

那时候，我们对大自然知之甚少，只能用恐惧的心理去和它相处。我们开始探索，开始寻觅，试图摆脱这样的恐惧。我们开始革命、创新，发明了庞大的机器，我们终于可以部分地主宰自己的命运，逐渐减少对大自然的恐惧。但是，工业革命后，大机器的广泛使用，使我们对能源的依赖性增强，从而向大自然无度地索取、宰割，妄图征服自然，甚至忘记了它的威力。到了现代，由于人类对自然的任意略夺，造成了对大自然的破坏，酸雨、沙尘暴、泥石流、雾霾等，人类再次开始恐惧，甚至是逃避。首都北京因为雾霾严重，很多人放弃了北京户口，开始向南迁徙。面对大自然的反击，人类终于懂得了收敛，开始协调人与自然之间的关系，提出了可持续发展的口号，开始主张低碳出行、限号出行、植树造林、治理环境污染、开发新型能源、发展新农村旅游经济。

人类终于认清了人与自然之间的关系。

恩格斯说："人本身是自然界的产物，是在他们的环境中并且和这个环境一起发展起来的。"人与自然并不是对立的，而是需要协调发展的。我们去探索世界的本源，我们去研究自然运行规律，用科学的眼光看待人与自然的关系。

很多人会以为这里提到的自然指的是水、空气、动植物等天然资源，其实，我们所说的"人与自然的关系"中的"自然"是指自然界。

自然界，广义是指具有无穷多样性的一切存在物，与宇宙、物质、存在、客观实在等范畴同义，包括人类社会及自然规律；狭义是指与人类社会相互影响的物质世界，有非生命的系统和生命的系统两种，也可分为能被改变的和不能被改变的。

也就是说，接下来要向大家阐述的是人与自然界中物质规律世界的关系。面对可以改变的，我们该如何做？面对不能改变的，又该抱有何种心态？

2.1.1　尊重是相互的

风，给我们带来了凉爽；火，给我们带来了温暖；水，给我们带来了生命；大地，给我们带来了依靠；电，给我们带来了发展。大自然，给予了我们很多，人们若是不尊重大自然，那么它也不会尊重我们。那时，风带来的将不是凉爽，而是猛烈的呼啸；火带来的将不是温暖，而是无情的火灾；水带来的也将不是生命，而是可怕的水灾……尊重大自然，是为了我们，更为了将来。

大自然是一种客观存在，其并不以人的意志为转移，我们只能顺应它，强行改变自然规律并不能取得理想的成果。

一只南美洲亚马孙河流域热带雨林中的蝴蝶，偶尔扇动几下翅膀，可以在两周以后引起美国得克萨斯州的一场龙卷风。这就是蝴蝶效应，也是自然的力量。

橘生淮南则为橘，生淮北则为枳。这就是自然界的生存规则。

有人说，那人类岂不是永远只能被动地依赖环境而生存？我们尊重大自然的规律，是为了更好地生活。我们无法改变规律，但可以利用规律，发挥能动性进行创造。比如说人在月球上不能生存，但我们有了宇宙飞船就可以登月生活。所以说，只要有大脑，我们就可以最大化地利用自然条件，创造出我们想要的东西。本书中的自然规律不仅指真正的大自然的环境改变规律，还泛指整个宇宙运行规则，包括人和事物等所有规律，即后面我提到的"道"。

人类和大自然的关系既是相互尊重的，也是互相成就的。

2.1.2　人与自然和谐相处

我们感受过自然的力量，也获得过自然的馈赠，从中得到生存之道。

在土地荒漠化的过程中，不仅是西北人民饱受痛苦，全国的人们也被土地盐碱化、土壤污染、土地荒漠化等问题困扰。

2015 年，一篇《一对植树夫妇的"生态天堂"》的文章火爆网络。

主人公是一对 70 多岁的患有癌症的普通农村老夫妇，30 年来植树造林 1150 亩 [①]。30 年来他们似乎只做了两件事：种树、守山。然而坚持 30 年做一件事本身就是极为难得的，何况他们不仅一家种树，还带动了全村人在荒山上造林，他们彼此帮扶，在大片荒山里种下树苗，又担心苗种毁于山野，于是余生就守望着大山，直到树苗长成一片片郁郁葱葱的大树。他们战胜了恶劣条件，创造了绿洲。

生态文明，自然与人，这是古老而常新的话题，它的历史甚至比"道德"这个古老的命题还要长。毕竟地球是先有了自然，人类才得以获得得天独厚的生存环境。中国传统文化强调"天人合一"和"自然和谐"，对于生态文明的理念，我们所面临的挑战不是去开创一个新的理论架构，而是务实地评估、诠释传统文化在哪些方面可以对今天的中国乃至世界有所帮助，那便是适应自然规律，不断挑战自我，创造更多"新绿洲"。

2.1.3　激活孩子的生命动力，感受自然的力量

在少年警校里，我们会教会孩子两种生存力：社会生存力和自然生存力。所谓的自然生存力，就是在野外的环境当中教会孩子如何去和大自然相处，遇到危险了怎么办，找不到方向怎么办，探索和利用自然带给我们的资源。

---

① 1 亩 =666.67 平方米。——编者注

在少年警校，孩子们将通过实操演练的方式学习和巩固他们学到的技能。

应对自然的技巧：

（1）判定方位。可利用GPS、指南针、地图、太阳方位、植被等定位方法，确定所处位置及目的地的方位。

（2）返回原处。如果能记起自己开始的地方，可以折回原处，重新定位行走。

（3）利用前人的标记。在山野行进时要注意前人留下的用塑料袋、树枝或石头做的记号，判断前路是否可行。

（4）打电话报警。如果进行了尝试还没找到路，赶紧拨打电话跟警察求助，要说清自己所在的位置，周围有什么标志性的建筑。

（5）找个安全的地方露营。如果天色已晚，又没有人来救你的话，最好找个安全的地方露宿，等天亮之后再想办法。

（6）向救援人员发信号。如果有人来找你，可以通过点燃火堆、用手电筒向天空反复照射等方式发出求救信号，告诉对方你的方位，以便尽快获得救援。

2017年12月的某天，小雨，在少年警校训练营里，一年级的小朋友们穿着小警服规规矩矩地站在棚内，等待着教官的口令。在宣誓结束后，我们为小警员准备了姜糖水驱寒，孩子们依次排队拿杯子，有的孩子还给自己的好朋友端了一杯，我们问他们："冷不冷？扛不扛得住？"他们都说："不怕冷！"他们回答得铿锵有力，通过这种自我暗示和自我激励的方式使他们忘却了寒冷，只记得自己的方向和目标。

突然下起来的小雨并没有让我们取消这次训练，而是激活了他们的生命动力，靠自己的意志力和对少年警校的信任坚持训练，为了防止孩子感冒，我们特意准备了驱寒的姜糖水，征集小志愿者为他们服务。

相信很多人都还记得2008年的汶川地震，活下来的"猪坚强"就像人们对逝去的人的一种思念。我们痛恨这场灾难，但也因此加强了地震防御机制和应急系统的建设以及住宅的防震规划升级。

少年警校将志愿者队伍中最早到达一线的优秀的志愿者请到警校现身说法，这样的人不光懂得自然生存之道和与自然相处关系的技巧，他们还会将自身的大爱精神传递给警校的孩子。

自然的力量是不可预估的，而人们内在的生存信念也是无穷大的。

2.1.4 少年警校团体式"自然关系"训练

目标：

◇亲近并探究自然，热爱自然，初步形成自觉保护自然环境的意识和能力。

◇通过丰富多彩的活动，理解人与自然不可分割的内在联系。

◇知道如何保护和改善自然环境，并身体力行。

◇学会应对突发情况。

主题一：认识自然

【教学目标】

了解人与自然的和谐关系。认识到自然灾害的频繁发生与人类的活动密切相关，要爱护、保护大自然，从自己身边的小事做起。

【教学重点】

自然灾害的发生与人类活动的关系。

【课前准备】

大自然造福于人类和自然灾害的相关图片，以及如何进行环境保护的资料。

【活动步骤】

步骤 1：图片导入

可以选择海啸、地震等灾后照片与人类在海边度假或捕鱼及西部建设等图片给孩子们看。

提问：通过选取的主题图片，大自然为我们提供了什么呢？

步骤 2：分组讨论

自然界中经常发生哪些自然灾害？

引导学生积极发言，开展小组讨论。

步骤 3：引导讨论

联系生活实际，谈谈感受，包括自己在家庭、学校、社区里是如何保护环境的，家人、邻居、同学、朋友是如何做的，自己能为保护环境贡献哪些力量。

【讲师总结】

让我们都从自己做起，从身边的小事做起，做一名环境保护的卫士。

主题二：野外求生

【教学目标】

（1）了解在野外活动中存在哪些安全隐患。

（2）学习在野外辨别方向、寻求救助的方法，提高野外生存能力。

【教学重点】

掌握一些在特定的环境中避险求生的基本知识。

【课前准备】

搜集一些类似于人陷入沼泽地或悬在峭壁等危险的自然环境中的图片。告诉孩子，在被困沼泽地时更加不能紧张，越紧张陷得越深，应该平躺、平移身体，找到就近的支撑物。悬崖不可怕，可怕的是没有技巧，可以双手呈现大字，扶石移步。

【活动步骤】

步骤 1：案例导入

呈现几个野外活动发生危险的案例，以小组为单位，讨论：为什么会发生这样的悲剧？

步骤 2：引导讨论

观察几组野外活动的图片，交流讨论：在参加野外活动时会有哪些安全隐患？需要做好哪些准备？

步骤 3：学习野外生存的自救与求救知识

（1）方向训练

① 假如你在野外迷了路，你会怎样辨别方向？

② 分别汇报自己知道的辨别方向的方法。

③ 播放视频《在野外迷路》，学习辨别方向的本领。

（2）求救训练

① 求救他人是我们生存训练重要的技能训练，在紧急的情况下，你会如何寻求救助？

② 观看视频《跟着贝尔去冒险》，学习求救办法。

③ 讨论：学生分小组，讨论假设自己身在孤岛，会如何求救？

【讲师总结】

同学们，参加野外活动在遇到困难的时候，千万不要乱了阵脚，一定要冷静思考，不要放弃求生的信念，勇敢地面对困难，相信自己一定可以做到。尤其是在寒冬的野外，千万不能放弃，在雪地里走不动时，更加不能让自己停下来，务必确保身体保持运动状态，保留最后一线生机。

主题三：定向寻宝

【教学目标】

通过在规定范围内小组寻找目标物的方式，考验孩子们的方向辨别力、思维敏捷力、团体协作力。

【教学重点】

学会快速辨别自己需要的物品，以及如何进行资源互换。

【课前准备】

野外生存物资卡片。

【活动步骤】

步骤 1：组建团队

分 4 组进行比赛，限时 10 分钟，每组选派一位队长，每组都需要找到 10 种不同的野外生存物资卡片，如果找到重复的卡片，可在比赛结束后，与其他组进行置换。

一个有领导力的领队（leader）和有着不同能力的队员都非常重要，队员之间的默契程度和执行力决定着他们的生存力。

步骤 2：脑洞大开

究竟卡片会被藏在哪里（在一个被限定的操场范围内）：树上、草里，还是老师的手里？这个时候就考验大家的眼力了。

步骤 3：资源互换

时间结束后，是不是所有卡片都被找到了，是不是每组都有自己想要的图片了？如果没有，谁去进行交涉，被交涉的小组是否愿意和你交换？如何才能换得自己想要的东西？

【讲师总结】

在野外生存，我们一定会遇到自己需要的东西在别人手中，要想让大家都生存下去，必须进行资源互换，保证最基本的需求。

主题四：花艺也能够抗压强心？对！

【教学目标】

让孩子们明白，学会很好地跟自己相处，懂得借助外在环境因素来调适自己的认知、情绪、情感和意识，一切困难都是可以顺利克服的。

【教学重点】

从构成抗逆力的要素上看，能够帮助我们抵御一切，形成坚不可摧的抗逆力的一共有三个重要核心因素，即外部支持因素（I have）、内在优势因素（I am）和效能因素（I can）。

我们所生活的环境，尤其是在这个环境中与我们发生交互的那些人和事，并不都是糟糕的。积极乐观的个性能够帮助或者增强我们的内心抗逆力。它将构成抗逆力的外部支持因素，比如拥有正向认知的人际关系模式、坚定清晰的行为规范边界、关怀支持的社会环境、积极合理的期望目标、有意义的社会参与机会，统称为 I have。在这个过程当中会有第三个效能因素出现，即 I can，也就是说我会为了我拥有的目标及当下的一切而学习相应的技能。比如与正向的人际关系模式相对应的人际技巧，再比如与社会参与机会相对应的解决紧急问题的能力，还比如与不合理目标相匹配的情绪管理及目标订定的自我管理能力等。而花艺就是我们处理以上这些问题时，一种调适自我情绪和目标的辅助性的技能或手段。

【课前准备】

A4 纸若干，笔若干，鲜花、树叶、野草、被腐蚀的干树枝。

【活动步骤】

（1）分组：每组 3~4 个孩子。

（2）让每个孩子做自我介绍相互认识，并将自己在小组中的样子画出来，认识自己，也可以理解为画自己的社会自画像。

（3）让每个小组成员将彼此的画作拼接在一起，看看会有什么样的发现。导师要求各组成员按照次序轮流介绍彼此作品中的故事，并派组员代表上台分享感受。

引导语：你们各自的自我认知是否客观？你自己认为的自己和组员眼中的你是否吻合？为什么会不吻合？吻合的部分你是怎么做到的？如果有不好的情绪的时候，你做了什么？

（4）导师将提前准备好的鲜花、树叶、野草、被腐蚀的干树枝等分发至各组，让组员重新构建新的自我形象图，允许推翻之前的作品，允许组员之间各自的作品链接，看看会有什么样的奇迹出现？

（5）选择新一轮组员代表来解读新的作品。

引导语：

你看到这些鲜花的时候，是喜悦的还是怜悯的？那些野草和被腐蚀的干树枝等又让你感受到了什么？你又是如何安放它们的？在安放的过程中你在思考什么？为什么会有这么大的变化？是什么让你的作品拥有了这么大的变化？你觉得你现在拥有了什么？

【讲师总结】

我们每个人对自我的认知都可能会存在偏差，因为面对两幅同样留有空白的花卉图，我们无法确定自己是会选择选择圆花瓣的还是尖花瓣的。同样面对鲜艳的或者枯萎衰败的颜色，我们也无法确定自己会选择哪一种。选择的过程就是思索的过程，思索重构的过程就是成长疗愈自我的过程。同样的东西，不同的心境会让我们做出不同的结果。生活也是一样，无论是学习的压力、父母的期望还是学校老师同学社交中的压力，对我们而言都似那枯萎的杂草和腐蚀的朽木，可是我们却可以通过园艺技巧让它们发挥出它们的优势。那些让我像鲜花一样灿烂的经历，也未必能伴随我一生，即便它即将枯萎，我也可以让它发挥应有的价值。

在日常的生活中会遇见各式各样的人和事，也会遇到很多纠结不清的苦

园艺疗法

与痛，当我们不知该如何发泄的时候，可以放慢脚步，试着给自己一个角落，将那些腐枯烂叶变成充满艺术色彩的园艺，以此缓解我们的压力、复健我们的心灵。让我们一起学会与自然相处，享受自然之美，包容自然之枯。

2.2 人与自己的关系

尽管人类过着群居的生活，但我们这种高级动物与其他物种的区别之一就是具备独立的思考能力，拥有一定的思想。人需要独处的空间，这时，我们才可以真真切切地面对自己，与自己对话，了解自己的内心。我为什么会欢喜，又为什么会哭泣？我对自己是否满意？独处的时候我是否和与人交往时一样？只有这样，我们才可以从与自我的关系中，找到生命的原动力。我们将这样的对话和探秘称为人与自己的关系。处理好这种关系，将使我们能够更简单愉悦地处理好人与自然、人与社会的关系，可以说人与自己的关系是三种关系中的根本。

综上，我们所面对的种种事情，无一例外都来自人与自然、人与社会、人与自己这三种关系，而我们所产生的各种喜悦、压力、愤怒情绪等问题也都是源于以上三种关系，这也是我们生存下去所面对的最基本的问题。

引导语：

你们还记得自己出生时的情景吗？当然不记得啦！其实你的身体还记得，你不妨问问自己的身体。闭上你的眼睛，想象你是一个在妈妈肚子里的胎儿，此刻你所在的空间一片黑暗，四周都是水，很柔软、很温暖。你像一条小船一样轻轻摇曳。你还听到很响的、有规律的扑通声，还有流水的声音，以及其他不规律的声音，你充满了好奇。

之后，你感觉到有不同程度的挤压感，而这些是你从来没有经历过的。你开始感到不安，你开始莫名其妙地担心、紧张。可是那种挤压越来越频繁，完全打破了你在"海中"安宁舒适地徜徉。突然，你发出尖叫声，身子紧缩，缩成胎儿的姿势。你感觉到自己的身体被挤压着，可是你的头很大，经过一个隧道的时候被卡在那里。你听到很多人说话的声音，有尖叫声、有安抚声、有忙乱声，你吓得不知所措。最后总算通过了隧道，你感觉自己见到了光明，灯光非常刺眼，温度又低，周围没有暖和的水了，有的只是粗糙的东西在你身上摩擦。

人的一生并没有真正的敌人，如果非要树一个敌人的话，那么唯一的敌人就是我们自己。这个敌人我们看不见也摸不着，甚至有时我们还把他当作好朋友，也就是当局者迷。人们可以在千军万马的战场上冲锋陷阵，英勇无敌，却会因为心理防线被击败而功亏一篑。人们可以在人群里仪表堂堂、风光显赫，却害怕独处时的孤单和寂寞。身体是自己的，情绪也是自己的，我们控制了自己的身体也就控制了自己的情绪，自然也可以控制自己的人生，掌控人与社会、人与自然中产生的各种关系和问题。

要处理好人与自己的关系，前提条件就是认识自己。认识自己的维度有两个，第一个维度是外表，第二个维度则是信念或思想。后者和前者之间是支配与被支配的关系，假如身体没有承载独立的思想和信念，那么我们的躯体也只能算行尸走肉。

2.2.1　我们的身体

你想想，在一天当中，你会花多少注意力去感受自己的身体呢？比方说，在跟别人交谈的时候，你有没有注意到你的身体语言是什么？你的眉头有没有紧皱？你的肩膀是否因为紧张而高耸？你的胃是否因为焦虑而打结？如果我们习惯于注意自己身体的感觉，时时安抚照顾它的话，很多疾病就不会日积月累地加重。

古希腊思想家赫拉克利特曾说："最美丽的猴子与人类比起来也是丑陋的。"恩格斯则赞美人是"地球上最美的花朵"。人为什么比万物更美呢？这不仅在于人的外部形象美，还在于人能够按照美的规律来建造，不仅按照美的规律改造自然，同时也根据强大的思想及行为规范来约束自己的躯体。比如做主持人不仅要有灵活的应变能力，还需要掌握一定的礼仪。这些行为规范就是我们后面会提到的边界，同时也是我们科学使用自己躯体工具的参考标准。只要我们能科学有序地使用自己的躯体，就可以展示出我们真正的内涵和气场，而这个过程就是知行合一的过程，可以有效地将我们日常积累沉淀过滤下来的信念思想践于行，露于世。

体态语是口语交际活动的辅助手段，通过体态、手势、表情、眼神等综合使用可以更加精准地传达信息。

1. 面部表情

双眉上扬，表示喜悦、开心、期盼；双眉微蹙，表示疑问、忧虑、悲伤；嘴角微上翘是微笑，表示喜悦、亲切、肯定、满意、赞扬；嘴角下撇表示轻蔑、不屑；嘴巴微微张开、睁大眼睛，则表示吃惊或感兴趣。

2. 眼神

眼睛略闭，嘴角上翘浮出微笑，表示满意、赞扬。双眼微眯，嘴角微翘，面露微笑，表示亲切。眉毛上扬，眼睛略睁大，嘴微微张开，表示询问。眉紧皱，眼圆睁，牙关紧咬致使双唇紧闭，表示愤怒。眼微眯，嘴角下垂，嘴向一边撇，表示蔑视。

3. 手势

手是身体的表情器官之一，在日常生活中及演说竞选中运用得较多，因为运用上肢的动作变化可以更丰富地表达思想情感。手势是使用频率最高的体态语言形式。由于双手活动幅度较大，活动最方便、最灵巧，形态变化最多，因而手势的表现力、吸引力和感染力也最强，最能表达出丰富充盈的思想感情。寓意深刻、优美得体的手势，能产生极大的魅力，激发听众的热情，加深听众对演讲内容的理解，帮助演讲获得成功。

指示手势。这种手势是用来指示具体真实的形象，又可分为实指和虚指两大类。实指是指演讲者手势指向在场的人或事，且均在听众的视线内。如"我"或"你们"、"这边"或"上面"、"这些"或"这一个"等。虚指是指演讲者和听众看不到的，比如"在很久很久以前""在遥远的地方"。常用虚指可伴"他的""那时""后面"等词。指示手势比较明了，不带感情色彩。

模拟手势。用手势描述形状物，其特点是"求神似，不求形似"。比如用双手合抱，把梨子比划成一个大球形，表达出人们的真情实意。模拟手势信息含量大，升华了感情，有一定的夸张色彩。

抒情手势。此手势在演讲中运用频率最高。比如：兴奋时拍手称快，恼怒时挥舞拳头，急躁时双手相搓，果断时猛力砍下。抒情手势是一种情绪很强的手势。

习惯手势。任何一位演讲者都有一些自己独特的习惯性手势，且手势的含义不明确、不固定，随着演讲内容的不同而体现不同的含义。演讲手势贵在自然，切忌做作；贵在协调，切忌脱节；贵在精简，切忌泛滥；贵在变化，切忌死板；贵在通盘考虑，切忌前紧后松或前松后紧。

4. 服饰发型

人靠衣装马靠鞍，人的仪容装扮将直接影响他给别人的第一印象和社交关系。如果上了舞台，那更是一对多的社交关系，仪装神态动作不到位，直接就没有了气场。所以，演讲者登台前的衣着一定要清新整洁、简约、端庄。当然，演讲者的服饰也要与演讲者的思想感情及演讲内容的基调协调。如果是正规场合的演讲，演讲者的肤色、体型、年龄要与其气质、性格及角色相吻合。要注意要与演讲环境"和谐统一"，服装、鞋子，包括道具都必须统一考量。

5. 上下场的礼节

上下台前后，要正面扫视全场，微笑着用目光同观众交流，然后再用诚恳、恭敬的态度向观众敬礼（也可问好后再敬礼）。鞠躬既不能蜻蜓点水似的，也不能 90 度弯腰，45 度就可以了。少年警校特约礼仪专家曹淑辉老师提出的"童蒙养正"，跟启心养智有着异曲同工之妙，讲的就是只要做好思想启蒙，摆正心态，那么姿态也不会丑陋到哪里去。

前面的那些躯体使用规则及礼仪要求，其实都是我们想演说好或者想做一个优秀的人等信念在支撑我们遵守这些规则。而这些规则、信念源于我们日常的学习，如看演出时见到演员是怎么做的，去野外见到其他人是怎么打扮的等，我们将这些信息储存在大脑里，并将那些我们认为是正确的或者是有意义的信息保存下来制约我们的行为，久而久之便形成了我们的习惯，开始影响我们的性格特征。到最后，纵然我们稍有放松，展示出来的依然是优雅的姿态，这就是为什么东施效颦是笑话，西施浣纱是美景的根本原因。西施是由内在到外在的绽放，而东施只效其行却失其神，这是从外在寻内在极难做到的。其实，这个内在就是我后面会提到的边界。我们把内在的边界转换到外在的展现行为模式时，就是通过行为实现自律的过程。

针对以上内容，少年警校特开设了青少年儿童礼仪课"童蒙养正"，针对不同场合遵守不同的言行规则，从少年时期通过外在规范约束孩子的言行和礼节，让他们具备正气、正人、正礼。

无论是老师、专家还是警官给孩子们上课时，我都喜欢旁听。在一次少年警校的讲课中，我发现有个特别调皮的孩子多次跟别的孩子发生摩擦，后来其他孩子都有些不愿意跟他交流。深入了解后，我发现这个孩子在日常的学校生活中曾多次遭遇校园暴力。再反观这个孩子的行为模式及其日常打扮，不难发现他的身上已经贴上了"我无用""我无所谓"等标签，这些标签有别人给他贴的，也有他自己给自己贴的。这个孩子由刚开始的自律意识不强、得不到尊重演变成了被嫌弃、被抛弃。

先说说他的外在，他的衣服永远是邋遢的，也总是面色灰暗、眼神无光，毫无精神。他喜欢去触碰别人，但一旦别人反击，他又特别恐惧。事实上，这些特征在很多被施暴过的孩子身上都有。他们刚开始是因为不够自律而不被尊重，后来因不被尊重而被嫌弃，最终走向一个即将被社会、家长抛弃的边缘地带。他们的结局有两种，一种是变得自怨自艾，永远把自己裹起来，躲在一个无人的角落里，失去真正的社交关系；另一种是因为失去生命动力而彻底放弃自己，成为失足少年，当然，严重程度各异。后面我会提到如何引导这类孩子避免自暴自弃。暴力源于失去了惜我价值观。所谓惜我价值观就是我前面说的，人自律的首要前提就是要管好自己的身体。那么，我是如何引导这个孩子拥有管理好自己身体的能力的呢？

没有规矩，不成方圆。规矩有什么用？规矩就是一个边界，就是做人的底线，约束我们的行为，提升我们的素养。

当一个人久站的时候，会出现什么情况呢？久站，必然会很累，就必然会动。动，也不能没有规律的随便乱动，这时候就需要划定一个边界，用边界来约束他们的行为。站累了，可以蹲；蹲好了，再继续站。一蹲、一站，就划定了一个牢不可破的边界。而这些罚站、坐、蹲等动作本身就是日常社交中必须具备的重要技能，也就是说我们日常的行为规范本身就是边界意识最好的外在体现。你会喜欢一个站得非常笔挺、坐得非常端正，举手投足都很得体的人，这大概就是大家所谓的长在骨子里的气质和涵养。

画定边界之后，边界内自由的行为，又是什么呢？在处理与别人的关系时，边界内自由的行为就蕴藏在三种必不可少的工具的使用之中：眼睛、耳朵、嘴巴。不是每个人都能将这三种工具管理得恰到好处。比如说我现在在给小朋友们授课，小朋友们很认真地盯着我看，认真地在听，那便是小朋友们在使用自己的耳朵和眼睛，管理好了自己的嘴巴。

少年警校中有个名叫 Z 的小学员。刚来的时候，他十分自闭，拒绝与外界的一切交流。老师在时，他极度不自信，不愿与老师交流；而中途老师有事暂时离开时，他却开始扔零食、大叫，想吸引大家的注意，却引得大家心生厌恶。该说话的时候不说，不该说的时候乱说，这就是典型的三种工具使用不协调。这导致老师们和其他小朋友们更不愿与他交流，于是进入了一个死循环。之后我了解到，他在学校其实经常遭受校园暴力。从这里就可以看出，不尊重别人，别人也不会尊重你，从而人际关系将变得越来越差，容易产生校园暴力。

因此，如果孩子们可以做到在恰当的场合，恰当地使用这三种工具，那便需要嘉奖。因为他们正确地划分了边界，用行为尊重了他人。要是他们没有好好使用这三种工具，比如他在说，我也在说，那就是我用错了嘴巴，应该改用耳朵。用错了工具，就是对双方的不尊重。对别人不尊重，别人就不愿与你交流，就不会喜欢你，人际关系就会变差。

同时，在正确使用嘴巴这个工具的基础上，还要正确使用我们的声音。每个人的声音都不同，不同的说话情景，要使用不同的声音。此处就可以将我前面提到的那些肢体动作、眼神等包含进去。

2.2.2 觉察核心信念

要想掌控自己，用内在的信念约束自己，首先要了解自己，认识自己，知道自己是谁、要去哪里、打算用什么来约束自己向着目标前进，又称觉察自己的核心信念。

首先要自立自强，闹得沸沸扬扬的罗尔案中的罗尔就不具备这样的信念，他遇到困苦，第一时间想到的不是自强而是求助，就已经走偏了。

其次要感恩有爱，这在罗尔及小铜人团队的人身上均没有看到，至少当他们选择用欺骗的手段亵渎他人爱心，当他们决定拿孩子的病情做诱饵的时候，他们的善念已经荡然无存，更别说感恩之心。

再次就是以礼约行，以行示礼。这个讲的是我们把内在的思想信念通过礼仪和行动展现出来，可理解为内外兼修。罗尔等人是因为思想问题才出现了行为偏差。礼涉及的因素还有很多，如阳光自信、团结协作、学习创新、演说表达等，如果前面的三项内在信念没有科学地融入自己的大脑，就不会阳光自信，纵然再怎么会表达、会学习和创新，最终都无法被尊重。所以，知识不等于思想，做一个有知识的人不如做一个有思想的人、受人尊重的人。

在给少年警校的孩子们上课的时候，我做了大量实验，事实证明孩子们的潜力是无限的，只要你把口号变成信念和思想。法制教育、爱国教育、感恩教育、有爱教育、领袖力教育等任何信息，传递和储存在脑海中时都只能算作记忆，只有经过个人加工过的记忆并且开始让它影响自己的行为时才能算得上是知识；而知识从开始影响我们的行为转变成支配我们行为的时候，才能算得上是信念，把信念习惯运用到自己的思维惯性中的时候，就变成我们的思想。

"我最棒、我最强、我是有梦的少年警察。"如果用嘴巴喊出来，这只是一句话，可如果深入理解这句话的内涵，并将它装进脑海里，它就变成了我们的知识。如果把这个知识运用到实践中，用这几句话引导自己的行为、约束自己的行为，它就变成了我们的思想。一直将这样的信念植入自己的骨髓里，变成一种习惯，它就成了我们的信念。

孩子们第一次站军姿时，往往连 3 分钟都站不到，就开始东倒西歪。让他们记住这几句话，并通过这几句话来约束自己，再次让他们挑战自己，效果可以用惊人来形容。

原本 3 分钟都坚持不到的孩子们，在接收到"你们都是最棒的、最强的小勇士"的心理暗示后，成功突破自己，站军姿的时间远远超越我给他们设定的 5 分钟，甚至突破了 8 分钟。在问孩子们是否累时，他们的答案竟是"不累"。

孩子们成功突破自己、战胜自己，靠的就是那几句话，他们开始用这几句话约束自己，并且控制自己，专注度一下就有了质的提高。

为再次强化孩子们的自律意识，加强自控能力，提升抗压系数，我在孩子的复训过程中再次实验，这次的信念植入不再单纯是几句话，而是通过将警校礼仪的规范动作跟孩子们的日常行为规范画上等号，让孩子自我省悟、自我突破。

加油，给自己加油。我是最棒的，我是最强的。我一定能战胜自己，我可以克服电子产品的诱惑，我可以克服困难。我看到很多孩子都已经掉眼泪了，但还是在坚持，非常棒。很多孩子手已经抖得不行了，但还是在坚持。眼睛在眨，还是在控制，很好，非常好。就要突破自己了，为自己加油，只要你们突破这一关，你们就胜利了。

当你们想玩电子产品的时候，告诉自己我可以克服。当自己想调皮捣蛋或注意力不集中的时候，告诉自己，我要坚持到最后，我才是真正的勇士，我可以做到，我是真正的强者，非常棒。今天这么小的孩子都坚持突破自己了，太棒了，太棒了！再为自己加油，很好，俊杰的手已经酸得抬不起来了，但还在坚持。

我连自己的弱点都战胜了，还有什么可害怕的？这点苦算什么，我可以克服，非常棒啊。你们几个是进步是最大的，真的是最棒的勇士，最棒的强者，只要突破这一次，今后每一次都能突破自己，因为你知道你掌握了战胜自己的方法，你掌握到了突破自己的方法，掌握了克服困难的方法、克服自己弱点的方法，非常好。潘卓很认真，听得也很认真，敬礼也敬得很认真。这么小都能坚持到现在，了不得，非常棒，你们真的是勇士和强者，太能干了。

注意，使用这种方法时，家长必须注意到每一个孩子，即便这个孩子当下做得并不是那么理想，你看到的也是他的进步，有进步就是成功，有进步就是超越了自己。

信念到思想只有一步之遥，只要让信念的思维主导模式变成一种习惯。为避免孩子感悟不强，保持不久，我再次加大了挑战强度——干扰式破坏毅力小实验。

这个实验在前面两个实验的基础上再加一重难关——设置信念破坏信号，连接孩子内心最易被击碎的脆弱区域，分散孩子的注意力，试图打破孩子前面构建起的信念。注意，这个挫折信号的设置非常有技巧，在推翻原有信念的基础上，还要提升孩子不放弃的惜我价值感。

比如，全体立正，站10分钟，保持敬礼姿势，问孩子们愿不愿意挑战。在得到孩子们的同意后，再次开始新一轮的挑战。这一次，老师的引导语除了前面的内容还会加上几句话。其实，这个时候更多使用的是团体的力量，抓住优秀孩子带头的优势，弥补想放弃的孩子的劣势，最终实现互补的目标，不仅让效仿变成一股力量来带动个体，也让每个个体紧密相连，实现集体改变，超越自我的最终目标。

此时故意设置干扰，干扰环境，干扰语言，甚至设置跟孩子紧密相关的游戏、零食等作诱饵诱惑孩子们。一边干扰孩子们，一边用前面的集体目标来激励他们，让他们始终处在一种纠结的状态。看孩子们的表现情况，坚持者多的时候，就不断加强表扬、鼓励的暗示语言，告诉孩子们他们已经强大了，逐渐强化他们已经超越自己的事实。接近尾声时，将日常的坏习惯，如网络依恋、电子产品迷恋、品行不端等问题与此刻的场景紧密相连。让孩子知道战胜那些欲望如同战胜今日挑战时的疲劳一样简单，他们可以做得到，因为他们已经战胜自己了。如果有必要，可以将学哥、学姐们的累累硕果分享给他们。并且特别点明，"欲望本身并没有错，有错的是我们毫无边界地过度放纵欲望"。

太累了，太难了，太辛苦了，我想放弃。我的腿酸了，我的手抖了，我的脚后跟想往后倒了，算了，放弃吧，我不如别人，领袖是别人的事情，我只要当下的舒适与愉悦。这种挑战糟糕透了，我不要再坚持了。看，已经有人开始眨眼睛了，已经有人想放弃了。不，我是勇士，我是战斗到最后的那一个，我一定可以做到。

孩子们，恭喜你们成功战胜了自己，你们坚持的时间是××，打破了以往哥哥姐姐们的纪录。今后在你的人生道路上会不断遇到类似的选择之痛，当你想放弃自己的时候，当你畏惧困难想退缩的时候，想想此刻你是怎么战胜自己的，你可以做到，电子游戏、学习等都不是问题，因为那些山虽然高，却高不过自己这座山，自己已经翻越过自己，还有什么做不到的呢？

就这样拍打着前行，他们成功做到了。第二天、第三天，每个孩子的脑海里都被成功植入了一个自强、自律、自省、自悟的信念，不再有人喊累，不再有人想做弱者。就连之前特别调皮，甚至想放弃自己的孩子，也开始恢复生命动力，开始懂得自我要求和自我管理。

信息装进脑海里是知识，知识过滤后植入到骨髓里才能算作信念，信念习惯性支配行为方能称得上是思想。教育根本的目的不是让人记住多少知识，而是让人把获取的信息装进脑海里，植入骨髓里，践行在行为里，这个过程就是沉淀思想的过程。我们认识自己的第一要务就是自己是否拥有这样的过滤及沉淀的能力。假如你已经开始积淀，而且积淀下来的东西已经开始影响你的行为，甚至开始塑造你的习惯，那么，你已经成为一个有思想的人。

2.2.3 用思想去支配器官

决定命运的不是知识，而是思想；创造奇迹的不是知识，而是信念；有信念、有思想才能称得上是有节制的人，一个有节制、懂自律的人才能称得上是优秀的人。

当下互联网时代的迅速颠覆，高科技发展的突飞猛进，融资热潮的涌动，全民创业乃至微商泛滥，使我们生存的环境浮躁起来。抬头望机会、望利益、望资源者众，低头做事者寡。人们开始只注重外在形象和知识测评，却忽略了思想的沉淀和积累，也丢弃了边界的设定和敬畏感。无论是罗尔、小铜人，还是阿里巴巴校园日记门事件，涉事者都非常聪明，也都很懂创新学习，还敢于实践尝试。他们以为利用互联网的发展规律和人类的心理弱点，就可以成功，可惜他们低估了大众善良的边界和底线。伤众人之善，无边界、无底线、无信念，更难有思想，注定只能短期辉煌。

我的儿子很喜欢商场里的大型挑战类游戏，但是，每次玩到中间一层就不想再向上爬，他说最上面一层有一个跷跷板，得穿越过去，很不容易。我听得出他很紧张，也很焦虑，便没有勉强他，想着如果有同学一起，他或许会产生从众心理，克服困难。果不其然，那天因为他的同学穿越了过去，他自己主动尝试爬了过去。不过，对于另外一个挑战未知的项目，他好像更加焦虑，直接就拒绝了挑战。在聊天中得知，他的同学曾经玩过这个游戏，但是每次都会中途放弃。看来，这个游戏对孩子们来说的确有点压力。我们需要给他点鼓励。爸爸给了他男人的勇气，我则对他说，只要他可以控制自己的情绪，就一定能控制自己的身体，妈妈相信他能战胜自己。

儿子开始尝试，但几乎也是到了他同学放弃的位置，他选择了放弃。下来后，他说越往上柱子动得越厉害，他也就越恐惧。恰好此时他的妹妹在吃冰激凌，他和同学也很想吃，我灵机一动，说只要你能爬到顶端战胜恐惧，就马上满足他们的愿望。午餐后，儿子再次尝试。

后来，儿子成功地挑战了自己，而他的同学在同样的位置却再次选择了放弃，因为她实在无法战胜自己的恐惧。下来后，他的同学听说因为没有挑战成功就不能得到奖励，瞬间开始哭泣。如果这次就这么过去了，或许带给她的将是永远也无法翻越的内心恐惧。我的儿子在攀爬时嘴巴一直在呼吸，我知道他在调节自己的情绪，那是我在警校里让他们必须学会的方法。于是我立即开启少年警校授课模式，我告诉儿子的同学："其实战胜恐惧的第一步不是战胜这个柱子，而是战胜你的情绪，当你可以控制自己情绪的时候，你已经战胜了自己，也就可以自主控制自己的身体，当然也可以成功抵达目的地。不管你能不能爬到这个柱子的顶端，只要你能控制你的情绪，我便把冰激凌给你。"

这位小姑娘开始运用我教她的方法调整呼吸，平复自己的情绪。当我为她能够平复情绪而欣喜的时候，小女孩主动提出要再次尝试。她至少还要再排队等四个人先过去，她没有紧张，而是平静地等待着。轮到她上去的那一瞬间，我已经确信她可以做到，因为她战胜了自己的情绪。

看似简单的一个儿童游戏，却体现了孩子控制自己身体和情绪的博弈。这让我更加坚定了在少年警校里的一个教学手段：激发孩子的生命动力，用动力来支配自己的情绪和身体。

少年警校 2017 年冬季训练营来了一个叫小马的孩子，8 岁，在学校已经成了老师的重点关注对象，经常被请家长，偶然间他的妈妈从同学那里听说了少年警校，便把他送到少年警校参加训练。在小警察的训练队伍里，他的身体始终是松松垮垮的，上课坐不到 3 分钟就会东摸西蹭，让他站军姿，他也没法一直站稳；让他训练，每跨出一步都显得很累，给人的感觉是似乎他永远无法控制自己的身体。他还将墨水洒了一地，把好几个同学的衣服都弄脏了。爸爸妈妈和老师看到小马出现这种情况，会认为他是故意坐不好、故意不专心、故意动作慢，觉得他比别人少根筋、不认真，可事实上这是因为他没有动力促使他很好地支配自己的身体。假如我们能给他这股动力，他一定会想尽办法去克制自己。

当小马出现以上这些行为时，我没有批评他，更没有惩罚他，并且每次当他被其他老师、教练惩罚时，我都会阻止。刚开始警校的老师还觉得不理解，我为什么会对一个所谓的"问题少年"不惩罚反而奖励。我不但会奖励他，每次还会跟他说一句"宝贝，你比刚才进步了许多，刚才你是 3 分钟动一次，现在你是 5 分钟才动一次哦"。

当他把水笔掰断，洒了一地墨水，甚至把墨水洒到同学身上的时候，我不仅没有让老师惩罚他，还要求全体同学因为他没有做得更糟糕而为他鼓掌加油，并且连升他三级。三天以后，老师们觉得很神奇，小马被老师点名的次数变少了，训练也变得很积极，站军姿的时间也越来越长。小马已经找到了成长的动力。好多次，他会主动跑到我的面前，用坚定的眼神看着我，跟我说他能战胜自己。少年警校毕业那天，他跑到我面前说，他还会再来这里。他已经完全不再畏惧训练的压力，因为他成功战胜了自己。

人的一切痛苦，本质上都是对自身无能的愤怒；人的一切幸福，实际上也需要掌控了自己的情绪和身体才能最终获取。无论是小马还是我的儿子和他的同学，都是典型案例。小马因为被贴上好动的标签而失去了生命的动力，选择了放弃。我的儿子因为害怕高空坠落，中途选择了放弃，又因为一个喜欢的冰激凌开始挑战自己，并最终战胜了自己。我儿子的同学因为想获得冰激凌而选择挑战自己，也因为拥有了掌控自己情绪的能力而战胜了自己。这些都是因为信念和坚持。

2.2.4　自我情绪调节

认识自己，不但要从生理上，还要从心理上，因为人一生发展的阶段不同，生理反应不同，带来的情绪情感体验也会大相径庭。身体是自己的，情绪也是自己的。只有认识自己的情绪，拥有突破自我的念头，才能控制不良情绪，敢于直面挫折，战胜自我，提高交际能力，最终完善各种关系。

当我们看到运动健儿为国争光的时候，我们的心情是高兴；当我们遇到危险的时候，我们的心情是害怕；当我与好朋友发生了矛盾，我们的心情是忧愁；当我们看到恐怖的画面时，我们的感受是恐惧。

要管理好情绪，我们首先要知道什么是情绪。情绪是人的心理活动的重要表现，是因物质和精神需要是否得到满足而引起的心理体验。人类有几百种情绪，此外还有很多混合、变种、突变及具有细微差异的“近亲”。情绪的微妙之处已经大大超越了人类语言能够形容的范围。情绪不可能被完全消灭，但可以进行有效疏导、有效管理、适度控制。情绪无好坏之分，一般只划分为积极情绪、消极情绪。而由情绪引发的行为则有好坏之分，行为的后果有好坏之分，所以说，情绪管理并非是消灭情绪，也没有必要消灭，而是疏导情绪并将其合理化。

看完下面两个著名的情绪科学实验，你就会明白情绪管理的重要性！

实验 1：古代阿拉伯学者阿维森纳，曾把一胎所生的两只羊羔置于不同的外界环境中生活——一只小羊羔随羊群在水草地快乐地生活；而在另一只羊羔旁拴了一只狼，它总是看到自己面前那只野兽的威胁，在极度惊恐的状态下，根本吃不下东西，不久就因恐惧而死去。

实验2：医学心理学家用狗做嫉妒情绪实验：把一只饥饿的狗关在一个铁笼子里，笼子外面放另一只狗当着它的面吃肉骨头，笼内的狗在急躁、气愤和嫉妒的负面情绪状态下，产生了神经症性的病态反应。

实验告诉我们：恐惧、焦虑、抑郁、嫉妒、敌意、冲动等负性情绪，是一种破坏性的情感，长期被这些心理问题困扰就会导致身心疾病的发生。[①]

2018年10月，根据卫健委发布的最新数字显示：在我国17岁以下的青少年儿童中，至少有3000万人受到各种情绪障碍和行为问题的困扰。所以，情绪是需要管理的，青少年尤其如此。

那作为家长，该如何去引导处于青少年时期的孩子进行情绪管理呢？

（1）转移注意力：把注意力从引起不良情绪反应的刺激情境中，转移到其他事物上去，或通过从事其他活动来自我调节，如运动、阅读、找同学朋友聊天、换换环境等，在活动中寻找新的快乐。

（2）宣泄情绪：过分压抑会加重情绪困扰，而适当的宣泄可以释放不良情绪，缓解紧张。放声大叫或唱歌、向别人倾诉、跑步、打球，都是很好的发泄方式。

（3）自我安慰：当遇到挫折时，学会安慰自己接受现实。经常用励志性的语句勉励自己，用"胜败乃兵家常事""塞翁失马，焉知非福"来安慰自己，可以摆脱烦恼、消除抑郁。

（4）自我暗示：积极的自我暗示带领人们走向成功；消极的自我暗示带领人们走向失败。

可采取的相应行动如下：

（1）冷静思考：美国临床心理学家阿尔伯特·艾利斯在20世纪50年代创立了理性情绪疗法，其核心是去掉非理性的、不合理的信念，建立正确的信念。如，因被老师批评或争论，同学吵架后产生的许多非理性的想法而

---

① 实验1、实验2都是来自阿维森纳的情绪实验。

导致的糟糕的情绪。我们提醒孩子，应当静下来，觉察自己的情绪，搞清楚事情的来龙去脉，再做判断。

（2）改变思维：转换信念、反向思考。引导孩子多问问"为什么"。情绪往往不是由事物本身引起的，而是取决于我们看待事物的方式。

（3）调整心态：心态正确，心情就会变好，情绪也相对稳定。当遇到困扰的情绪时，多找找对自己有利的一面。只要我们的思维、心态一改变，我们的情绪自然也就改变了！

我拿我的儿子举例说明。某日，他发现妹妹破坏了他创作的美术作品，便大发雷霆，冲妹妹大吼一声。在我看来，他有这样的情绪是正常的，任何一个人发现自己挚爱的东西被破坏，都会有情绪。所以，当他吼叫时，我并没有制止他。然而，他接下来的行为却让我对他进行了处罚：他拉住妹妹的手，狠狠地在妹妹手臂上打了两巴掌，那种击打在稚嫩的手臂上发出的声音，我站在客厅都听得清清楚楚。我走到他的面前告诉他："情绪本身并没有错误，但是你使用了错的方法来释放自己的情绪。"我拿起了他的作品，上面有几个形状奇怪的气球，我告诉他："的确，这些看上去不怎么像心形的气球破坏了你原有的爱心主题，但是，你再冷静地仔细看一下，它们像不像在衬托你画好的心形？是不是有点众星捧月的感觉？假如你这样想，妹妹的乱笔或许就成了你这幅作品的点睛之笔，那么，你还会对妹妹施暴吗？"儿子并不买账，但至少他已经没有之前那么愤怒了。我再走近他说："任何人的作品被破坏，都会不开心，包括妈妈。即便换作是妹妹，她也会不开心，所以，刚刚你冲妹妹怒吼时，我并未制止你，即便你现在动手打了妹妹，妈妈也不会全部都怪你，的确是妹妹在未经你允许的情况下破坏了你的作品，这就是不尊重他人时可能的后果。"儿子瞬间潸然泪下，他一边哭，一边拿起那幅作品，在妹妹涂鸦的地方重新上了色。上过色的作品焕然一新，却也增添了记忆的泪痕。见他逐渐平静下来，我再次开口说："假如我也是一个像刚刚你那样怒吼或动手打人的妈妈，你们会喜欢吗？"两个孩子的回答都是否定的。我便告诉他们，我刚刚是怎么控制住自己的情绪的。我说："我觉得这是一个调整你和妹妹之间关系的最好契机，让你们亲身体验妈妈是公平的。同时，这也是一次让你们学会包容情绪存在的最佳时机，一起学会用正确的方法排泄情绪。因为是这样想的，所以，我内心的小恶魔情绪就不会逃出来。"儿子终于点头，不再哭泣。道理虽然懂了，但做起来毕竟需要一个过程，若想让他们记忆深刻，并且今后将道理运用到行为当中，还是要让他们亲身体验一下的。安抚完女儿，我将她差遣到楼下去玩玩具，留下我和儿子，我单独对他说："调整自己的认知和心态是控制情绪的关键方法，但是那是第二步，其实第一步是先控制自己的身体，比如你看到那幅画时，可以将愤怒通过深呼吸来调整平复掉，然后再换个角度看这幅作品，也就不会去打人了。可控制情绪的第一步往往是最难的，妈妈也是训练了好久才逐渐学会的，你愿意学习如何训练吗？"老大的回答是肯定的，我告诉他："其实处罚并不是根本目的，让处罚变成技能的训练，进而剔除被处罚的根源才是根本目的。比如我们现在就可以通过处罚你情绪失控来警示你必须管好情绪，你需要为你刚刚的坏情绪引起的不良后果买单，这就是妈妈常对你说的边界。你刚刚让坏情绪破坏了你的边界，如果还想坚持，就得从管住自己的身体开始，妈妈愿陪你一起挑战管理自己身体的时间极限，你愿意吗？"儿子很乖地走到了楼梯下面的处罚区，他站在那里练习深呼吸，我们一起计时，这次挑战的时间是 35 分钟。中间他有过退缩，我告诉他退缩的时候恰恰就是坏情绪逃出来的时候，就需要学着用呼吸和新的思维角度来掌控它。这样的训练越多，以后控制自己情绪的能力就越强。

情绪调节有以下 10 项法则：①

（1）转移法：当火气迅速上涌时，你要有意识地转移话题或做点别的事情来分散注意力，使情绪得到有效缓解。

---

① 曾仕强. 情绪的奥秘：曾仕强告诉你不生气的活法 [M]. 北京：北京联合出版公司，2014.

（2）宣泄法：人在生活中不可避免地会产生各种不良情绪，这时千万不要闷在心里，可以向知心朋友说出来，也可以大哭一场宣泄出来。

（3）自我安慰法：追求某个目标不顺利的时候，可以通过安慰自己来减少内心的失望程度。

（4）语言节制法：一旦情绪激动时，可以提醒自己形象会被破坏。

（5）自我暗示法：预估可能会遭遇失败，就事先给自己找几条不应过分紧张的理由。

（6）愉快记忆法：回忆过去经历中碰到过的跟这次事件有关联或类似的令你感到高兴和自豪的事，给自己增加愉快的体验。

（7）环境转换法：可以躲在浴室洗热水澡，或者去逛商场，让自己暂时离开激起情绪的环境和有关人物。

（8）幽默化解法：增强幽默感，用寓意深长的语言、表情或动作，采用讽刺的手法，机智、巧妙地表达出自己的内心情绪。

（9）推理比较法：把自己的经验和别人的经验相互比较，找到自己的优势，坚定成功的信心。

（10）压抑升华法：可以写日记或者小说等，通过创作来改变自己的心境。

人的情绪就像气球一样，不能总是保持着紧绷的状态，需要时而给自己松点气，时而给自己再充点气，让自己始终保持最好的状态，才能获得最好的成果。

生生即将中考，他的爸爸和妈妈为了让他能够走人生的捷径，跟他说："读书最后都是为了找份好的工作，与其这么拼命地读书，倒不如学个画画，既可以有利于考学，又可以有一技之长，有利于找到工作。"生生想起了学校老师的话——"读书是为了实现人生价值"，他非常反感父母这样的消极态度，也不愿意接受父母的建议。但是生生的父母并没有放弃，通过身边的朋友、同学来游说生生。最让生生受不了的是，生生妈妈用他最欣赏的一个表姐的故事来感动他。妈妈跟他说，这个表姐成绩好到可以保送某重点高中，但是她最终还是选择了一个美术类的知名高中，因为这个高中会提高她考名校的概率，机会更多。在众多信息的轰炸下，生生也动摇了，中考填志愿的时候，明明可以填排名第三位的重点高中，结果却听取父母建议，填了美术类的重点高中。然而，去了这所高中以后，他才彻底后悔，甚至感到绝望。这里的学生根本不把文化课当回事，抄作业、不复习功课，连自己都有些堕落了。生生深感上当，一股脑把所有的怨气都撒在了父母的头上，甚至跟父母大吼大叫，发生暴怒的行为。他甚至想辍学重新参加中考。

我得知情况后，来看望生生，说："假如你现在在这个学校坚持下去，加上你有实现人生价值的目标，名校肯定志在必得。可假如你现在退学，重新中考，那么，你将要同时面对中考和高考的双重风险。如果你做好了不怕失败的准备，也勇于面对那样的失败，那么，作为朋友，我支持你辍学，可你准备好了吗？"生生说："我没有，我怕我会后悔。""假如你连战胜失败的勇气都没有，你又怎么能够确定你的梦想是梦想呢？梦想是伴随着行动和决心的。不然的话只能算是空想。"生生似乎明白了些什么，他说："你的意思是我现在对当下环境的不适应，并不是真的不喜欢或不适应，而是我自己都没有准备好怎么实现自我？""对，真正的梦想是不会受你所处的环境及你所承受的压力和阻力而影响的，你需要仔细想想看，到底是什么让你暴怒了。"

此时的生生始终将双手交叉在胸前，时刻处于备战状态，只要父母靠近一步，他都会发出冷笑声。"你把眼前所有的不痛快都归到了父母的身上，你认为是他们阻碍了你的选择和判断，是他们打破了你的梦想，是吗？"我追问道。生生一下子露出了灿烂的笑容，反问道："你怎么知道？""因为你的动作。"生生这才意识到自己摆出的攻击式动作。"是的，我恨他们，尽管我不讨厌美术，但是，是他们诱逼我进了这个学校。我宁可做凤尾也不要做鸡头，是他们让我放弃了那种赶超竞争的机会，变得如此堕落。""假如你目标明确，他们怎么可能会左右你呢？假如你自己不想堕落，周围的环境又怎么能让你堕落呢？他们骗你的确不对，但绝对不是核心原因，不是吗？"生生似乎明白了，他说："我知道，我都知道，可是我就是过不去这道坎，一不开心就想起他们骗我的样子，我就会怒火中烧，我自己都不知道怎么控制自己。""你还记得我们的气球理论吗？你这样爆发是好事情，至少没有压抑到气球爆炸发生惨剧，至少没有自我攻击。我们人就像是一个气球，不仅要靠外力控制自己的大小，也需要自己调整。有时候引爆我们的不是别人，恰恰是我们自己。但其实有一个既让你觉得舒服，又让周边的人舒服的排泄方法。""什么方法？你说说看。""就是让气球的弹性变大，扩充气球的容量，让那颗随时会扎在气球上的针没有机会扎到气球。""道理我明白，具体怎么做呢？""比如，想到不愉快的事情时，可以深呼吸，可以吃巧克力，可以洗热水澡，可以去打拳击，可以去跑步，等等。"这一次，生生没有再听取任何人的建议，而是把所有人的建议全部罗列出来进行筛选，查询了资料后，做出了继续在学校挑战环境、挑战自己的决定。

人与自我是和谐共生的关系，和环境及他人是互惠互利的关系。我所说的这个故事就是很典型的用气球原理调节情绪的案例，我们不仅要学会自我调节气球的容量，也可以通过外界的力量帮助自己调节。

2.2.5　青春期生理及心理变化

每一个人的成长和发育都有一个性别化的过程，儿童期、青春期、中年期、老年期，这一过程就像获得知识、开发智力或精神发展过程一样，始于人诞生之时，贯穿于生命始终。世界卫生组织（WHO）将10~19岁段定为青春期。

因下丘脑、脑垂体产生的促性腺激素、促肾上腺皮质激素、促甲状腺素、生长激素等启动青春期，两性共同变化体现在：身高、体重增长，内脏功能日益健全。

1. 青春期生理变化

男孩的生理变化：外生殖器变大，阴囊颜色变深；出现遗精；喉结增大；长出胡须、阴毛、腋毛；变得更敢作敢为，表现出对女性的亲近兴趣；皮脂腺分泌增加。

女孩的生理变化：阴唇和阴蒂发育生长；乳房、子宫和阴道增大，月经来潮；嗓音停在高音区；出现阴毛、腋毛；对男性产生兴趣；乳晕变黑，皮脂腺分泌增加。

2. 青春期心理变化

青春期的孩子心理变化迅速、无形、无征兆，忽而极度兴奋，莫名其妙地狂喜，忽而又会无缘无故地痛心。容易产生紧张情绪，稍有不适就大发雷霆，还会伴有焦虑和自卑等情绪。有时候情绪冲动，自己没有办法控制，喜欢一个人或一件事的时候容易无法自拔，这也是青春期青少年易陷入网瘾、早恋的根本原因。青春期的孩子开始对成人的世界充满好奇和热情，他们会模仿成人的吸烟、酗酒等不良行为，也会对性产生强烈的好奇和体验欲。

这就好像他们一旦到了这个阶段，会被强制注射一剂兴奋剂，我们无法阻止，而注射后的效果我们也不可估计。一旦注射，如果改变了初始的目的，也会改变当下的认知，影响处理事件的态度。

很多家长会问，为什么青春期会出现逆反心理呢？其实，青春期的孩子在生理上已经有了大人的样子，但是心理上并不成熟；生理发展的加速，性成熟的加速及激素分泌量的增加，令青春期孩子产生陌生感和不平衡感，出现诸多心理生理性紊乱。逆反的形式主要体现在外显行为上的激烈抵抗，或将反抗隐于内心，冷漠相对。但是，并不是所有的孩子在青春期都叛逆。有些孩子需要叛逆才会变得健康，有些孩子则不需要。有些父母在早期做得好的话，孩子在青春期就会过渡得很好。

（1）独立性与依赖性的矛盾。由于成人意识和独立意识开始增强，他们渴望父母把自己当作大人，受到尊重与理解，因而对父母像以前一样事无巨细的照顾和干预感到厌烦，开始怀疑他们的一些看法和结论，甚至开始反驳。但是由于生活经验不足，经济上不独立，还需要从父母那里寻求帮助或指导，无法逃离，所以就会纠结，产生愤怒的情绪。

（2）自制性和冲动性的矛盾。随着年龄和知识的增长，他们的自觉性和自控性得到了一定的加强，知道要遵守规则、履行义务。但在生活和学习中，往往难以较好地控制自己的情感和态度，做事情往往缺乏恒心，有时还会鲁莽行事，事后又常常后悔。很多青少年犯罪都是因为这个阶段没有很好地认识当下的自己，开启自我约束机制，才走上了不归路。这个阶段目标的设置很重要，也就是我后面会提到的目标及梦想。他们这个阶段最喜欢效仿别人，而选择怎样的榜样很关键。老师、家长被孩子们效仿的概率会更高，所以师德师行及家长的言传身教极其重要。

（3）封闭性与开放性的矛盾。这个阶段，他们产生了独立主宰自己社交关系的欲望，希望和同龄人、父母平等交往，渴望他们和自己一样能敞开心扉，平等相待。但他们更倾向于向同龄的知心朋友诉说或将"秘密"写在日记里。如果这个阶段采用高压强制管理，很有可能激化矛盾，加大师生之间或者亲子之间的矛盾。

（4）性生理发育迅速成熟与性心理相对幼稚的矛盾，即初中阶段是性器官和性机能迅速发育成熟的时期，性生理的发展变化必然带来性心理的发展变化，但由于受学生心理过程和个性发展的限制，特别是在教育引导不够得力的情况下，使得他们的性心理发展表现出相对的幼稚，比如当出现生理变化时，他们一方面感到好奇，同时也会感到不安，甚至产生恐惧及不知所措的心理。

3. 青春期的心理健康

（1）明确认识学习是自己当前的主要任务。

（2）注意品德修养，培养健全人格。

（3）注意意志的锻炼。

（4）保持良好的情绪。

处在青春期的孩子，情绪波动很大，叛逆、烦躁、忧郁……负面情绪一大堆。如果父母不知道问题所在就直接去问，会使孩子反感，追问太多，又会让孩子陷入更加混乱的状态当中。

家长们可以尝试通过下列不同深度的问题和孩子进行交流：

（1）获取资料、了解事实信息。

例如：这个问题你是怎么看的？刚才发生了什么？

（2）了解孩子感受、鼓励孩子自由地表达情绪。

例如：这件事情中，什么让你觉得有点气馁？这件事你自己有什么感觉？你的渴求没有被满足，你有什么感受？

（3）识别事件的重要性和意义，为孩子说明这件事的潜在意义。

例如：它的价值如何？你认为应该怎样？你认为他怎么看这件事？你想得到什么？如果他满足你这个期待，你会觉得如何，对你有什么意义？

（4）做决定，设计一个行动方案，计划下一步。

例如：你认为谁该负责任？你想不想继续这个感受，有没有其他选择？你有什么打算？

少年警校的老师或父母必须掌握以下5招，走入这个阶段孩子的内心，协助孩子顺利度过逆反期。

（1）理解

① 认识和理解逆反期对心理发展的意义。逆反期是每个正常人都会经历的发展现象，是孩子成长的重要转折期。

② 理解青春期多重矛盾的焦点所在。孩子对自己的认识超前，认为自

已无所不能；而父母对孩子的认识滞后，认为孩子尚小，无法独立，希望替孩子做决定。

（2）倾听

① 倾听孩子的感受，接受孩子喜怒哀乐惧等各种感受。

② 倾听孩子内心的需求。正视孩子心理上"独立自主""社会地位平等""人格受到尊重"的需求。

（3）示范

① 做孩子的情绪榜样。当听到孩子一个突如其来的想法时，父母不要马上给出一个情绪性的反应，要让自己想一下，不要冲动。

② 良好协作的夫妻关系。青春期的孩子已经在关注人际关系了，夫妻间应尽量保持良好、理性的沟通，避免争吵，避免表现出对孩子的不一致态度。

③ 要自律，自己要先做到，自己都做不到的事情去要求孩子，只会适得其反。

（4）表达

① 鼓励。努力发现孩子的闪光点，让孩子看到自己的决定和成功是受到重视的，从而更加有自信。当孩子遇到问题时，父母要做到客观评价孩子的行为，不能简单地将错误都归咎于孩子。

② 一致性表达。向孩子提出期望时，尽量简单、直接、明了、一致，避免唠叨，避免标准不一致。如果发现自己有错误和缺点要承认，在适当的时候，向孩子表达自己的歉意。告诉孩子，父母跟他们一样，正在努力做一个更好的人。

③ 指令要精准。切勿含糊其辞，不说"你很棒""你太差劲了"，应该说"你在写作上非常不错，相信你可以……"或"你今天玩游戏的时间比往常久了1 小时，能给我说说当时的感受吗？"等等。

（5）尊重与信任

① 尊重孩子是独立自主的个体，是主动学习者、发展者，不是父母的附属品，也不是父母塑造的作品。亲子关系是引导关系，而不是控制关系。

② 信任。成长的过程会不停地经历尝试和犯错，要允许孩子犯错，相信孩子会在历练中成长。

需要注意的是，信任不是放弃管理，而是保持距离地启发。

多包容但不是纵容，给孩子一点适当的空间。

另外，这个阶段还会出现两个极端：一方面，不少初中生表现出对异性的故意疏远或排斥，不与异性同学来往，嘲笑与异性同学交往的同伴，甚至不愿意男女生同桌；另外一方面，也有不少初中生出现盲目早恋和冲动性异性交往行为。

4.青春期性健康

（1）明确青春期性健康的标准

① 能够正确认识自我：正确认识身体变化，接受性角色，平静对待自己和异性，对待学习和生活。

② 保持开朗的心境：主动接受性教育，解除困惑，保持愉快心境。

③ 具有一定的自我调适能力：性行为符合性道德规范和社会性行为准则。

（2）正确认识性道德，准确定位性观念，防范性犯罪

（3）掌握青春期孩子性教育技巧

① 第一原则：容许孩子的性好奇。

1~2岁：孩子对于身体性器官会感到好奇，男孩会玩性器官。

2~4岁：会对性充满好奇（最好在幼儿5岁之前就对其进行性教育和性方面的解答）。

5岁以上：想知道更具体的性问题，了解生命的来历。孩子出现怪异的行为，其实只是好奇，父母就要抓住时机，帮助孩子认识身体各部位的名称，

让孩子了解身体各部位的功能。

10 岁以上：可以独立思考，正式步入青春期，可以向其解答两性关系。

② 第二原则：要让孩子感受到你的权威性。

生理上科学，心理上放松，态度上自如，观念上超前。不要羞于开口，诚实回答，有问必答。孩子问什么，就回答什么，答案简单明确，孩子不继续问，就不再答。

特别要提醒的是，父母在日常性交过程中一定要做好隐私防护措施，避免给孩子造成伤害。一旦出现被孩子撞见的情况，也不要极力掩饰，可以给孩子说明生命的起源，也可带孩子去有生命教育内容的自然博物馆查阅资料，学习认识。

（4）引导方法：勤理解、少压制、多疏导、教准则

① 通过游戏认识男女的第二性征及生理变化。

如：准备 10 个信封，里面共有 10 个问题，男女各 5 个，让彼此选择"什么样的特征比较像男子汉""印象中怎样的人像女孩"，从心理、智力、兴趣三方面将爱哭、勇敢、骨盆、喉结、体毛、乳房等内容涵盖在选项中，让其自然认识两性特征。

② 以理解的视角发掘青春期孩子的心理变化。

从动画片、电影等孩子喜欢的角度切入，告诉孩子 10 岁以后一种能量正在默默注入他的身体，这种能量在帮助他走向成人的同时，也给他带来了某些负面因素，如易怒、狂喜、痛心、不能自制等。

③ 情景演绎，掌握青春期男女性心理。

可以请某人演一位青春期少女，坐卧不安、心里烦躁，终于克制不住给喜欢的人写信。另一位同学解读这个女孩平时的品学兼优特质及此刻的矛盾冲突。观后大家讨论这种心理变化是否正常，提出解决方案。

④ 安排青春期男女互动完成指定任务，将主动权交由青春期孩子，让其探索男女交往的好处，科学看待青春期的两性交往。如：写 1~3 项两性交

往的好处。

⑤ 协助孩子梳理性道德、性取向和性观念的准则，避免其思想和行为产生偏移。

⑥ 设置亲子秘密区，教会孩子异性交往的技巧：集体活动中大胆交往，私下交往要把握分寸，守好底线。

⑦ 当好智囊团，设立发泄库，协助孩子科学释放，教会孩子调整技巧：作品升华、倾诉表达、转移注意力等。

2.2.6 少年警校团体式"认识自己"关系训练

目标：

◇初步具有认识自我的能力，初步具有自主选择和独立做出决定的意识和能力，养成勤奋、积极的生活态度。

◇认识自己的兴趣、爱好、特长和不足，树立人生理想，积极进取。

◇在问题情境中，善于提出自己的观点，并积极完善它。

◇认识各种灾害及危险情境，学会自我保护。

◇探究生活，热爱生活。

主题一：让你的身体"说话"

【教学目标】

掌握良好的身体语言技能，通过欣赏默剧和沙盘游戏让每一位学员（6~15岁）认识自己的身体及身体的语言，促进与他人的交流与沟通。

【教学重点】

通过自我探索的方式来了解、认识自己的身体与身体语言，更加深刻地体会应用肢体语言与他人沟通的魅力，以及应用肢体语言交流时应该注意的问题。

【课前准备】

（1）每组一个沙盘，4~6 人一组最合适。

（2）每个学员需要 5 个沙具。

（3）分组。

【活动步骤】

步骤 1：分组

讲师根据自身经验分组，将学员分成 4~6 人一组。

步骤 2：活动导入

播放默剧短片（选取合适的憨豆默剧短片 5~10 分钟）。

讲师提问："你们都看懂了吗？片子里讲的是什么内容？"

让学员描述默剧的主要内容。

步骤 3：了解身体语言

尽管憨豆没有说话，但是孩子们都可以理解主人公的情绪和想法，那么他是怎么利用身体来"说话"的（让学员回答默剧中的人物在用身体的哪些部分"说话"）？

步骤 4：感受自我，判断身体语言

请大家安静下来，静心一分钟……把你的坐姿调整到最舒适的方式，调整你的呼吸，慢慢闭上你的眼睛，把你的双手放到沙盘的沙子中，然后用各种方式来接触沙子。把你的注意力放在手和沙子接触的感觉上。让自己静下来，默默地感受就好（留白 1~2 分钟）。

请大家回忆一下在与家人、与朋友、与同学交往的时候，喜欢对方用什么身体语言和你交流，慢慢感受那个画面（停留 2 分钟）。

请大家调整坐姿和呼吸，按照自己的呼吸频率做深呼吸，让情绪慢慢平静下来，当讲师倒数到 1 的时候，请大家慢慢睁开眼睛。

步骤 5：选自己喜欢的沙具

去沙盘架上选取 3~5 件沙具，来表达你脑海中的画面。

步骤 6：分享选择这些沙具的原因

每个组员都分享为什么自己拿了这些沙具。

步骤 7：分享与沙具相关的背后隐藏的故事

步骤 8：将所有沙具融合在一起

所有的组员将自己的沙具与别人的沙具融合在一起，每个人都谈谈对应用身体语言的体会。

【讲师总结】

你们的收获是什么？记忆深刻的点在哪里？沙盘是对内心的投射，知道自己想要什么，就能朝这个方向努力了。

一个人能够管好自己就不需要外力来约束自己，日常生活的习惯和习性就靠自律来完成。而这个自律的过程其实就是我前面提到过的原始思维，来源于祖辈的教训，以及社会道德准则和集体潜意识的渗透与渗入。就比如下面的《曾国藩家训》（节选），就是祖辈给予的原始思维。可如果一个人管不好自己，那么社会就会自动启动他律原则，比如家训中的处罚项目、法律中的处罚项目、道德准则中涉及的舆论压力等，我将它们统称为"边界"。

曾国藩家训（节选）[①]

求业之精，别无他法，日专而已矣。教子侄读书不要蛮读蛮记蛮温，教子侄读书应教之以自省、自立、明修己治人之道才叫读书，进德修业二者不可或缺，再戒傲惰，戒骄满，开口议人短长即是极骄傲之表现，以"廉、谦、劳"字自惕。

---

① 成晓军，唐兆梅 . 曾国藩家训 [M]. 重庆：重庆出版社，2016.

主题二：你的想法"欺骗"了你

【教学目标】

教会孩子（6~15 岁）分辨"实际看到的事物（事实）"和"以为是真实的事物（臆想）"之间的区别。在把握事实的基础上处理事情的方式，改变消极、糟糕的信念，建立积极的信念。

【教学重点】

在分辨练习环节，讲师要指导学员顺利完成观念和表达方式的转变。

【课前准备】

A4 纸（每人 1 张）。

【活动步骤】

步骤 1：故事导入

智子家里的斧子不见了，他想一定是被邻居偷了。于是他仔细观察，发现邻居的表现不正常，从神态到一举一动，怎么看斧子都像是邻居偷的。后来智子在自己家里找到了斧子，再看邻居时，就不像小偷了。

向学员提问：

（1）这个故事里的事实是什么？

（2）这个故事里的臆想是什么？

（3）事实和臆想之间的区别是什么？

（4）事实和臆想会带来什么结果？

步骤 2：分辨练习

要分辨事实和臆想通常不困难，因为会有线索词提示，但你要注意听，才能将臆想从事实中分辨出来。

把下面的主观陈述句改写成事实陈述。

（1）我爸爸妈妈不喜欢我，即使我用尽全力，也不能使他们满意。

改：我的表现没有达到爸妈的要求，不代表他们不满意、不喜欢我。

（2）我的老师很聪明，又很有名气，她老让我觉得自己很傻，也许我真的很傻……

（3）小时候我和姥姥住在一起，周围都是老年人，因为她从不和年轻人来往，她根本不能理解我。

步骤3：分享生活中的"想法"

请几位学员分享自己的日常生活，让大家一起分辨哪些是事实，哪些是臆想。

【讲师总结】

让学员自由分享这堂课的体悟，以及"真实"对自己的重要性。

主题三：情绪知多少?

【教学目标】

让6~15岁的学员对情绪有基本的认识，提高学员对情绪的洞察力。认识人类情绪的多样性，了解自己的情绪特点；理解情绪对生活的影响；学会适当地表达自己的情绪；合理宣泄不同情绪。

【教学重点】

帮助学员分享、感受更多的情绪体验，通过活动，让学员感受情绪的产生，了解自己的情绪特点和表现，以及如何调节自己的情绪。

【课前准备】

（1）准备1套各种表情的情绪脸谱。

（2）情绪蛋糕图（每人1张）。

（3）分组。

（4）水彩笔（每组1套）。

（5）讲师自己的情绪蛋糕。

【活动步骤】

步骤 1：情绪脸谱

将不同表情的情绪脸谱一一展示给学员，并提问：

（1）猜猜他／她是什么心情？

（2）为什么会出现这样子的表情呢？猜猜他／她可能遇到了什么事？

引导学员自由分享。

引导语：图片中的人物的情绪变化是由外界引起的，高兴可能是××××，惊恐可能是××××，伤心可能是××××（××××部分是学生分享的部分），这些情绪变化都会反映出他们的内心世界及其对事物的态度。

步骤 2：情绪蛋糕

你知道自己的情绪状态吗？让我们一起来做一个自己的情绪蛋糕。

（1）讲师发给学员每人一张情绪蛋糕图片。

（2）想一想，最近一周我有过哪些情绪，并估计一下每种情绪在一周中约占多少时间，然后按每个情绪所占的时间"切"出一个情绪蛋糕，并给你的蛋糕上色，心情好的时候用明亮的颜色，心情差的时候可以用灰暗的颜色。

（3）讲师展示自己的情绪蛋糕。

（4）学生完成自己的情绪蛋糕并上色。

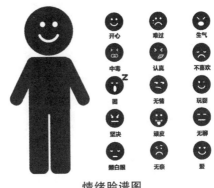

情绪脸谱图

（5）在组内分享自己的情绪。

① 我出现最多的情绪是什么？

② 出现这个情绪的原因是什么？

③ 这种情绪持续了多少时间？

④ 这种情绪给我带来什么影响？

⑤ 我经常用什么方式来表达我的情绪？说出来、用动作表现、藏在心里、

用表情表达或者其他？这种情绪表达的方式有什么利弊？

步骤3：调节你的消极情绪

介绍调节情绪的方法：

（1）转移法——当火气迅速上涌时，有意识地转移话题或做点别的事情来分散注意力，使情绪得到有效缓解。

（2）宣泄法——将各种不良情绪抒发出来，千万不要闷在心里，可以向知心朋友说出来，也可以大哭一场宣泄出来。

（3）幽默化解法——用寓意深长的语言、表情或动作，采用讽刺的手法，机智、巧妙地表达出自己的内心情绪。

（4）压抑升华法——可以写日记或小说等，通过创作来改变和升华自己的心境。

【讲师总结】

情绪对人的身体、智力、性格等方面有影响：

身体：积极情绪可以治病，消极情绪可以致病。

智力：积极情绪使人容易控制理智、增强记忆；消极情绪使判断力、分析力下降，记忆力下降。

性格：积极情绪使人开朗、热情、亲和；消极情绪使人孤僻、自卑、自闭。

主题四：我的行为知多少？

【教学目标】

让6~15岁学员对自己的行为有基本的认识，提高学员对行为的洞察力。认识行为与态度之间的关系、行为与情绪的关系。

【教学重点】

帮助学员分享、感受更多自身的行为，通过活动让学员了解自己的行为特点和表现，以及如何通过行为改变自己。

【课前准备】

无。

【活动步骤】

步骤1：讲师介绍游戏规则："我是超人"

（1）所有的学员围成一个圈，讲师随意拍2位学员的肩膀，被拍肩膀者就成了"超人"。

（2）全体学员睁开眼睛，不断找其他组员问："你是不是超人？"

（3）"超人"（即被拍肩膀者）在被问到的第一、第二、第三次都不能承认自己是"超人"，直到被问第四次才举手并大叫："我是超人！"

（4）当"超人"出现，所有学员必须尽快在"超人"身后搭肩膀排成一列，排在最后的学员就输了。若两位"超人"同时举手，可排两条队伍。

步骤2：感受分享

（1）是谁发现"超人"的？是怎么发现的？

（2）你有没有发现"超人"？当别人发现超人之后，你是怎么做的？

步骤3：情绪病毒第一轮

（1）所有学员围成一个圈，并且闭上眼睛，讲师随意拍某一位学员的后背，确定其为"情绪源"，不让第三者知道谁是"情绪源"。

（2）让学员睁开眼睛，然后去找别人介绍自己。

（3）"情绪源"的任务是通过眨眼睛的方式将不安的情绪传给其他三个人，而任何一个获得眨眼睛信息的人都要将自己当作已经受到不安情绪感染的人，一旦被感染，他的任务就是向另外三个人眨眼睛，将不安的情绪传染给其他人。

（4）5分钟之后，让学员们都坐下来，让"情绪源"先站起来，其次是那三个被传染的人，再次是被那三个人传染的人，直到所有被传染的人都站了起来。

步骤4：情绪病毒第二轮

（1）讲师告诉学员们，你们已经找到了控制不安情绪传染的有效措施，那就是制造快乐，即用真挚的微笑来冲淡大家因为不安带来的阴影。

（2）让大家重新围城一个圈站着，并闭上眼睛，告诉大家你将会从他们当中指定一个人作为快乐之源，并通过微笑将快乐传递给大家，任何一个得到微笑的人也要将微笑传递给其他三个人。

（3）在学员身后走几圈，假装指定了快乐之源，实际上并没有拍任何人的后背，然后让学员睁开眼睛，开始游戏。

（4）自由活动3分钟后，让所有学员坐下，并让收到快乐的信息的学员举手，然后让大家指出他们认为的"快乐情绪源"。

（5）讲师告诉大家，实际上他并没有指定任何的快乐情绪源，是他们的快乐感染了自己。

步骤5：相关讨论

（1）不安和快乐哪一个更容易被传染？

（2）在第一轮游戏中，当你被传染了不安情绪，你是否真的会感到不安？你的动作会不会有所体现？第二轮呢？

（3）在第二轮中，当你被传染了快乐情绪，你是否真的会感到快乐？你的动作会不会有所体现？

（4）在日常生活中，你的情绪和行为是不是会受其他人的影响？为了防止被别人的负面情绪所影响，你会做些什么事呢？

【讲师总结】

"要想养成某种习惯，那就去付诸行动。要不想养成某种习惯，就避而远之。要想改变一个习惯，那就做点别的事来代替它。"

——希腊斯多葛派哲学家　埃皮克题图

主题五：生命的意义

【教学目标】

计 6~15 岁学员改变对生命的态度，不要轻易放弃自己的生命，教学员学会规划人生，并用积极的心态来面对人生，让自己的人生更精彩。

【教学重点】

让学员在活动中体验生命的长度、生命的价值及如何实现自身的价值。

【课前准备】

导入一些经典影视作品的精彩片段，最好是当下最热门的或孩子们热衷的，能够体现人在面对困难或压力时的一些情绪感受的部分放给孩子们看，并引入主题。

准备白纸条和便利贴（每人 1 张）、笔（每人 1 支），"生命意义"展区，对学员进行分组。

【活动步骤】

步骤 1：播放视频

步骤 2：小组讨论

（1）视频中主人公的困境是什么？

（2）主人公解决他的困境了吗？

（3）你观看这个短片后有什么感受？

学员分小组讨论，把想法归纳出来，派代表发言。

步骤 3：生命有多长？

发给每人一张印有如下数字和格子的纸条：

0	10	20	30	40	50	60	70	80	90	100

假如这张纸的长度是我们每个人的生命（0~100 岁），接下来玩一个游戏：

（1）你现在多少岁？（年龄相对应的前面部分撕掉）

（2）你想要活多少岁？（年龄相对应的后面部分撕掉）

（3）你会如何分配一天24个小时？（请将剩下的部分折成三等份）

通常睡觉8个小时占了1/3，吃饭、休息、聊天、玩游戏、看电视占1/3，其实真正留给自己做有意义的时间仅剩1/3。

（4）看到剩下的1/3时间，你有什么感受？

（5）在仅剩的1/3时间里，你想要做些什么？

步骤4：生命极有意义

每个人的人生都是极有意义的，你的存在能给身边的人带来快乐，你的存在能为社会做出贡献，你的存在能在世界上留下痕迹。

分组讨论以下问题：

（1）我的存在有哪些意义？

（2）我可以为身边哪些人带来怎样的快乐？

（3）我的存在将来可以为社会带来什么意义？

（4）我希望我在世界上留下怎样的痕迹？

将思考的结果写在便利贴上。

步骤5："生命意义"展区

请每个学员分享自己的"生命意义"，并将便利贴贴到"生命意义"展区内，激励自己。

【讲师总结】

如果一时间想不开而选择跳楼等极端行为，跳下去是一个容易的举动。每个人都有不为人知的困境，反思自己，其实自己过得还不错，但是一旦跳下，就再也没有重新选择的机会了。

主题六：激活生命动力

【教学目标】

让孩子学会区分外在动力和内在动力，知道内在的动力是促使"一个人想成为什么样的人"的决定性因素，学会激活自己的内在动力。

【教学重点】

通过引导的方式让孩子感受内在动力的重要性，从而学会激活自己的生命动力，找到自己的目标。

【课前准备】

根据老师指令，每个学员分别录制一段往前走的视频，满足一个条件就往前走一步，如："家在市中心的""房子面积过 100 平方米的""家里的车在 20 万元以上的""父母是处长以上的"等。

【活动步骤】

（1）播放录制好的视频，并提问：你能得到什么信息？

——有人一步没有走，有人却冲到了最前面。

（提取关键字）特权：只有你有或者只有少数人有。

——你认为自己拥有的特权有哪些？

——指令中的每一条都不是凭你自己的能力做到的，和你做的任何决定无关。

——你所在的位置并不是因为你做的事。

——除了这些外部条件，你还拥有什么？

你拥有自己。你的命运由你自己决定。

（2）确定课程内容

① 定义：内驱力与外驱力。

内驱力：是在需要（自己主动想要去做，诱因＝目标）的基础上产生的一种推动机体活动以获得满足（生理、心理、精神、物质）的内在动力。

外驱力：外部原因（老师、父母）所导致的趋利避害的行为。

② 分类：按奥苏贝尔的学习动机理论进行分类。

认知内驱力：对事物本身的好奇心和求知欲，如牛顿的苹果，变色龙真的会变色吗，鱼的记忆真的只有 7 秒吗等。

自我提高内驱力：通过获得好成绩来提高自己在家庭和学校中的地位。

附属内驱力：通过顺从、听话从父母和老师那里得到认可、赞许。

认识内驱力和自我提高内驱力，是青少年学习的主要动机。

③ 作用：内驱力能让自身运转，使学习速度更快，自身也更愿意花时间去成长；而外驱力通常是在被动的状态下去执行，往往达不到内驱力的效率。

自我提高的学习动机会使学生变得更加努力，努力地提高自己的能力，获得好的学习成绩，在同伴中赢得优越的地位。一旦指向远大的理想或与长期的奋斗目标结合起来，就会成为鞭策学生努力学习、持续奋斗的长久力量。

认知内驱力的指向是知识内容本身，它以获得知识和理解事物为满足。

④ 如何获得内驱力？

兴趣：对某种事物的认识，一旦具有行动力，就变成了爱好（如篮球、乐高）。

梦想/目标：想达到的想做成的事，指向未来（你想成为什么样的人）。

【讲师总结】

以兴趣为出发点，以梦想为终点，激活你的生命动力。

【课后互动】

谁想要礼物（知识竞赛——获得礼物）？知识的储备量越大答对题越多，获得礼物的机会越多。

主题七：未来领袖

【教学目标】

让孩子充分认识"音量领导模式"，掌握演说技巧，学会利用声音的魅力为自己的领导力加分。让孩子学会掌控微表情，不断训练，增强孩子的自信心。

【教学重点】

想要成为一位充满活力的领导者，你的声音和你说什么一样重要。让孩子学会放开自己，放飞自我，畅所欲言。

【课前准备】

选取一段知名人物的演说视频作为引入资料。

【活动步骤】

（1）课程背景介绍：美国加州大学洛杉矶分校大卫格芬医学院头颈外科学者罗萨里奥发现，成功政治家的声音品质会影响他们的听众做出何种反应，这种反应与他们的话语或所表达的想法无关。

（2）声音的功效：激发情感、表达个性、说服观众。

（3）演讲模式：政治演讲者即领导者，会根据他们演讲的对象不同，使用不同的演讲模式。

① 当对选民发表讲话时，演讲者会努力让自己的音域更广阔。

② 当与其他领导人一起开会发言时，同一个讲话者会使用一个较窄的音域和较低的音调。

③ 在非正式的一对一的对话中，讲话者音调变换最少，保持在一个罗萨里奥定义的"他们的健康声音"。

（4）声音的特点，主要包括以下 4 点：

① 低沉严厉的声音会展现出居高临下的、强硬的感觉，这种声音频率变化也比较大。

② 音调频率变化平稳，出现长时间的停顿来传达思考、关爱。

③ 生硬的音调会表达自己的优势，有一定的威胁感；演讲的速度快也可以传达主导地位和优势性。

④ 声音是可以随时调整,随时改变的。有技巧的演讲者会在演讲过程中,通过改变他们的声音来吸引不同年龄、性别和背景的观众。精明的政治家们也能够在演讲过程中调整他们的声音来满足不同的期望。

（5）声音的使用方法和技巧：有魅力的声音没有统一的类型。最好的领导者会根据不同的观众、环境和文化来调整声音。魅力非凡的领导人会及时捕捉观众的反应。利用训练有素的高情商及时调整演说内容，从而在演讲中改变他们的声音，获得他们想要的观众反应。

比如，一个政治家在讨论外交问题时，声音听起来会像一个独裁者；当讨论解决健康问题时，声音则像一个慈善家。

【讲师总结】

领导的魅力不仅源自一个人的声音，还有他的演说内容。其实其他身体部位也可以成为微妙的工具，也能够为领导力强的演讲者使用。包括面部表情、姿势、手势、目光和头部运动。

最后提醒：任何有经验的领导人都会告诉你，一切都是熟能生巧的。只有不断地练习，才会让你的信心倍增，当然，也会让你的声音更有魅力。

2.2.7 少年警校团体式"培养学习兴趣"训练

训练目标：

◇激发好奇心和求知欲，初步养成从事探究活动的态度，发展探究问题的初步能力，掌握日常生活中的通用技术。

◇关注日常生活及周围环境中的问题，激发探究的热情。

◇考察科学发现的历程，感受并初步养成从事探究活动所必备的精神和品格。

◇尝试科学探究，培养获取信息、选择信息和处理信息的初步能力。

主题一：现在，发现你的优势

积极心理学核心发起人彼得森和塞利格曼将人类的个人优势分为 6 大类，其中包含 24 小类，见下表。

24 项人类个人优势表

1. 智慧	（1）创造性 （2）好奇心 （3）批判性思维 （4）好学 （5）洞察力
2. 勇气	（6）勇敢 （7）毅力 （8）诚实 （9）热情
3. 仁爱	（10）爱与被爱的能力 （11）善良 （12）社交智慧
4. 公正	（13）团队合作 （14）公平 （15）领导力
5. 节制	（16）宽恕 （17）谦虚 （18）谨慎 （19）自制
6. 卓越	（20）对美的欣赏 （21）感恩 （22）乐观 （23）幽默 （24）灵性

【教学目标】

本次活动的设计目的在于通过优势大转盘上所展现的人类优势，帮助 6~15 岁学员了解和认识自己的优势，从而建立自信，为发挥自身优势奠定基础。

【教学重点】

（1）讲师首先要熟悉"24 项人类个人优势表"，必要时，要对一些难以理解的词语进行适当的解释和补充。

（2）在活动过程中，确保学员所发现的优势是客观、真实的，避免孩子的盲目自信与自大。讲师更不要对学员进行个体间的比较，要让每个学员为自己感到骄傲与自豪。

【课前准备】

制作圆形优势大转盘，把 24 项人类个人优势分布在一个大圆圈上；制作优势卡片（根据"我的优势卡片表"制作）；A4 纸（每人 1 张）；笔（每人 1 支）；按每 6 人一组进行分组。

【活动步骤】

步骤 1：故事导入——找到你的优势

一位老人在湖边垂钓，旁边坐着一个愁眉苦脸的青年。

老人问："你为何总是这样垂头丧气？"

"唉，我是一个穷光蛋，一无所有，哪里开心得起来？"青年非常郁闷地答道。

"那这样吧，我出 20 万元买走你的自信心。"老人想了想说道。

"没有那点自信心我就什么也做不了了，不卖！"青年的头摇得像拨浪鼓。

"再出 20 万元买你的智慧，你可愿意？"老人继续出价。

"一个空空的头脑什么也做不了。"青年想都没想便一口拒绝。

"我再出 30 万元买走你的外貌。"老人望着青年的面容说道。

"没有了好的外貌活着还有什么意思？不卖。"青年答道。

"这样吧，最后再出 30 万元买你的勇气，如何？"老人笑嘻嘻地询问道。

"我可不想成为一个一蹶不振的人。"青年愤愤地欲转身离去。

老人忙挽留他，缓缓说道："你看，我分别用 20 万元买你的自信心，20 万元买你的智慧，30 万元买你的外貌，30 万元买你的勇气，一共是 100 万元，你都没同意卖，年轻人，你拥有着 100 万元，还能说你是穷光蛋吗？"

青年瞬间恍然大悟，他明白了，自己并不是一无所有，只是没有看到自己的优势，只是埋怨命运，以至于疏于奋斗，错失了很多成功的好时机。

其实，每个平淡无奇的生命中，都蕴藏着一座丰富的金矿，只要你肯挖掘，就会挖出令自己都惊讶不已的宝藏来。那么你的宝藏是什么呢？

步骤 2：我的优势在哪里

要求：听完故事了，请学员们仔细想想自己的优势，将自己的优势写在"我的优势卡片"上，然后和组内的同学分享下背后的故事（6~10 岁）。

要求：向学员介绍优势大转盘，将人类的具体优势分类向学员做简单介绍，并且将其中有些不容易理解的词语向学员做简单的介绍。

再请学员根据自己的实际情况，填写"我的优势卡片"。每个人都有自己的优点与长处，请学员在"我的优势卡片"上写出 3 种"我认为我最大的优势"。写出来之后，分小组（6 人一组）进行交流。讲师随即请几位同学进行回答（11~15 岁）。

我的优势卡片

我认为我最大的优势是	我们认为你还有的优势
1.	1.
2.	2.
3.	3.

刚才的活动既容易又不容易，有的同学很容易找到自己的一两处优势，而有的同学甚至直接说"我没什么优势"或者"不知道"。那么，同学们真的找到你身上的所有优势了吗？没有找出优势的同学，你真的一点优势也没有吗？现在请你的小组同学来帮你找一找。

步骤 3：优势轰炸

要求：6 人一组，每个人轮流被其他同学指出身上的优势，并填写在该同学的优势卡片上的"我们认为你还有的优势"那一栏。

请发现其他同学的优点，表达越准确，轰炸就越有力，所以要求写具体的优点而不是套话。

步骤 4：全班交流

（1）通过活动，你是否发现了自己以前没有发现的优势？

（2）当你听到、看到其他同学对你优势的轰炸时，你有什么感受？

（3）你觉得他们所说的优势符合你自己的情况吗？

通过刚才的书写与总结，我们知道在短暂的时间里找到自己很多的优点不容易，可是通过合作找到的优点就很多。其实每个人身上的优点都很多，只是有些你没发现而已。

步骤 5：积极地生活

请将你的优势卡片随身携带，每天早上都拿出来默念一遍，一周后，给自己写封信，回顾本周以来你的优势带给自己什么样的变化和感受。

【讲师总结】

将自己的每一条优点都列出来，用赞美的眼光去看它们，经常看，最好能背下来。通过集中注意自己的优点，你将在心理上树立信心：你是一个有价值、有能力、与众不同的人。

主题二：现在，发现你的学习风格

学习风格是指学习者关注、加工、内化学习内容及记忆新的或困难的学习内容的方式。

【教学目标】

使 6~15 岁学员对自己擅长的学习风格有较为清晰的认识，从而树立学习的信心，认识到每个人学习成绩的差异除了先天的原因外，更多地取决于后天对自身学习优势能力的应用程度。

【教学重点】

（1）对个人学习风格的认识与探讨可以提升孩子的学习能力，在学习活动中选择合适的学习策略。

（2）利于教师辨识孩子的学习风格，因材施教。

【课前准备】

（1）节奏轻快的轻音乐、A3 纸（每人 1 张）、笔（每人 1 支）。

（2）分组。

【活动步骤】

步骤 1：进入放松状态

现在我们要进行一次身心放松之旅，请每位同学端坐在自己的座位上，闭上眼睛，跟着老师的引导语和轻松的背景音乐想象。

步骤 2：进行冥想

播放节奏轻快的轻音乐，引导学员回顾自己在学习上比较擅长的方法。

准备好了吗？现在深深地吸气，慢慢地呼气；再来一遍，深深地吸气，慢慢地呼气；再来一遍，深深地吸气，慢慢地呼气。好，春天来了，一片鸟语花香的美丽景色，你静静地躺在草地上，享受春天带给你的快乐与愉悦。

一束温暖的阳光暖暖地照在你的身上，你觉得浑身都放松了，特别舒服，你紧锁的眉头舒展开了。请你仔细体会一下眉头舒展之后放松的感觉，你觉得好舒服，好轻松，额头凉丝丝的，脸上每一块肌肉都特别放松，你觉得舒服极了。

这时，你想到了你的学习（引导学生回顾自己在学习上最擅长的 10 种学习方法）……

现在你觉得浑身放松，心情舒畅，就像躺在湖面上随风飘荡的小船一样。暖风徐徐吹过你的整个身躯，还有一丝淡淡的水草的香味，你闭上眼睛，深深地陶醉于这片水波荡漾的美丽风景，心情特别愉悦！

现在你觉得特别放松，心情特别愉悦，反应灵活。好，请你慢慢睁开你的眼睛，你觉得头脑清醒，思维敏捷，浑身都充满了力量。

步骤 3：学习优势（6~15 岁）

请学员们将刚才在放松练习中联想到的自己最擅长的 10 个学习方法写在 A3 纸上。

步骤 4：秘诀分享

现在请每组中组员认为学习最有效率的同学来和大家分享一下他们的学习诀窍（11~15 岁）。

每一个学员在组内分享自己的擅长学习方法，然后想一想哪位组员的学习方法值得自己学习并分享出来（6~10 岁）。

步骤 5：改革计划（6~15 岁）

请学员总结下一步自己准备采取的学习方法改革计划，并写在 A3 纸上，然后在组内分享。

步骤 6：集体讨论（11~15 岁）

现在我们一起来讨论几位同学的学习方法改革计划，看看这些对我们有什么启示。

【讲师总结】

发现自己的学习风格，知道什么样的方法适合自己，能够达到事半功倍的效果。

主题三：思维导图

【教学目标】

让学员思考传统学习笔记的弊端，体会思维导图在日常学习中的优势，并实际绘制一幅学习思维导图。

【教学重点】

（1）思维导图的各部分内容之间要有关联，绘制完成后要有时间标注，并定期审视、修改。

（2）画完思维导图笔记以后，要定期复习；复习时可将记得的内容再次快速地画一次，然后对比原图进行检查，调整不符合的地方并强化回忆不恰当或回忆模糊的地方。

【课前准备】

（1）分组。

（2）边长为 2×4 米的白布（每个小组 1 块）、彩色笔（每个小组若干）、铅笔（每个小组若干支）、课本、学生日常的学科笔记本、一些绘制精美的思维导图。

【活动步骤】

步骤 1：学科分组

按学员对学科的喜好来分组，并选出小组长。

步骤 2：笔记本展示

请每个学员展示自己带来的学科笔记本，并和大家分享自己的笔记本的特点，平时在学习中是如何使用的，效果如何。

步骤 3：发现问题

和学员一起总结传统学习笔记的弊端：

（1）埋没关键词：重要的内容要由关键词来表达，然而在常规标准笔记中，这些关键词却被埋没在一大堆相对不重要的词汇中，阻碍了大脑在各关键词概念之间做出合适的联想。

（2）不易记忆：单调的笔记看起来很枯燥，要点也很相似。

（3）浪费时间：要求记一些不必要的内容，读一些不必要的材料，复习些不需要的材料，再次寻找关键词。

（4）不能有效刺激大脑：标准笔记的线性表达阻碍大脑做出联想。

步骤 4：问题解决

介绍全新的笔记方法——思维导图法。

拿一幅已经绘制好的思维导图做方法解读：

（1）从白布的中心开始画，周围要留出空白。

（2）用一幅生动有趣的图像表达你的中心思想。

（3）绘图时尽可能地使用多种颜色。

（4）连接中心图像和主要分支，然后再连接主要分支和二级分支。

（5）用美丽的曲线连接，不要使用直线连接，因为曲线和分支更能吸引你的眼球。

（6）每条线上注明一个关键词，一个关键词会使你的思维导图更加醒目，更为清晰。

（7）自始至终使用图形。

步骤 5：分发道具

把材料分发给大家，请每个组根据自己小组的学科特点，在白布上共同绘制一幅所拿到的学科教材的思维导图。

步骤 6：成功展示

现在让我们一起来欣赏每个小组的作品。

【讲师总结】

在这个游戏中，你有怎样的感受，和以往有什么不同之处？在以后的学习中，你会继续尝试使用这个方法吗？

主题四：做时间的主人

【教学目标】

引导 11~15 岁学员对自身的时间管理有一个全面的认识，发现更好的学习方法。

【教学重点】

提高学员对时间利用的深入思考，同时在学员重新制订计划时，可提醒他们以下原则：

（1）今日事今日毕。

（2）为自己留点时间休息。

（3）留足够的时间做足够的事。

（4）不要让时间控制了自己，要做时间的小主人。

【课前准备】

（1）准备 1 厘米宽、1 米长的纸条（每人 1 张），A3 纸（每组 2 张），笔（每人 1 支），彩笔（每组若干支）。

（2）分组。

【活动步骤】(11~15 岁)

步骤 1：成员分组

讲师可根据经验自由分组。

步骤 2：撕纸条

时间对于我们每个人是公平的，这张 1 厘米宽、1 米长的纸条就代表着 1 天中的 24 小时，让我们来回顾一下，我们通常是怎样度过每一天的。现在请大家随老师的提示撕纸条，并在撕下的纸条上标明时间。

老师提示：撕去你睡觉、吃饭、与家人和同学聊天、看电视、上下学路上、锻炼身体的时间等。

步骤 3：对比反思

撕到这里，我们看看自己手中还剩下多少，也可以看看周围同学的，说说剩下的纸条你还用来做些什么呢？在刚才的撕纸条过程中你有什么发现和想法，可以与组内的同学一起交流。

步骤 4：时间馅饼

你每天是如何安排自己的时间的呢？请大家把自己每天进行各种活动大致所用的时间画一个饼图，并在组内两两相互分享一下自己的饼图，看看别人和你的安排有多大的差距。

步骤 5：最佳馅饼

现在请每个小组的同学设计一个每日最佳时间规划馅饼，其中要包括学习、娱乐、休息等时间，可参考下表。

自我管理约束表

序号	奖励事项	星星数量
1	能按时起床	☆
2	起床后能看书半小时	☆
3	起床后能运动 20 分钟	☆
4	能按时吃完早餐	☆
5	能准时 7：30 上学	☆
6	家长能接到老师电话 "上课认真听讲"	☆ ☆
7	家长能接到老师电话 "积极举手回答"	☆ ☆
8	每天能独立完成家庭作业（听写等除外）	☆ ☆
9	每天能在晚上 8：00 前完成家庭作业	☆ ☆
10	每个星期五晚上能在 9：00 前完成家庭作业	☆ ☆
11	能帮家长做力所能及的家务事	☆
12	能主动帮助需要帮助的人（比如帮助同学解决学习困难或者给老人让座等）	☆
13		
14		
15	出门能主动和邻居打招呼	☆
16	家里来客人能主动问好	☆

续表

序号	奖励事项	星星数量
17	饭前半小时不吃零食	☆
18	每天穿衣服能听从家长的安排	☆
19	每天看或者不看电视能听从家长的安排	☆
20	每次考试较上一次有进步	☆
21	考试考到 90 分	☆
22	考试考到 95 分	☆☆
23	考试考到 100 分	☆☆☆☆☆

备注：
1. 每集满 100 颗星可随家长去休闲娱乐场所一次。
2. 每集满 2000 颗星可随家长外出旅游一次。
3. 此记功簿规则暂实行 3 个月，3 个月后可适当做出调整。

步骤 6：问题讨论

讨论从今天的活动中你得到了哪些收获？对改善自己的时间管理有何打算？

【活动步骤】(6~10 岁)

步骤 1：成员分组

讲师可根据经验自由分组。

步骤 2：情景剧

小明是一个非常爱玩的小孩，每天放学回家就看卡通片、玩游戏，一直到晚上 9 点，才慢慢悠悠地拿出作业来写，一边打着哈欠一边写作业，写着写着还趴在桌子上睡着了，醒来又爬到床上去睡觉了，一觉醒来 6 点了，着急忙慌起来赶作业。这就是小明的学习日常。

小刚是一个很会安排自己时间的小孩。他每天放学回家第一件事就是把所有的作业先完成了。到了晚上 8 点，小刚已经可以自由做自己想做的事了，可以边看着电视边和朋友聊天。到了 9 点半，他洗脸刷牙，心满意足地上床睡觉。

步骤 3：对比反思

看到刚刚的情景剧，你有什么感受呢？你是像小明还是像小刚呢？

步骤 4：时间馅饼

你每天是如何安排自己的时间的呢？请大家把自己每天大致进行各种活动所用的时间画一个饼图，并在组内两两相互分享一下自己的饼图，看看别人和你的安排有多大的差距。

步骤 5：最佳馅饼

现在请每个小组的同学设计一个最佳时间规划馅饼，其中要包括学习、娱乐、休息等时间。

步骤 6：问题讨论

从今天的活动中你得到了哪些收获？对改善自己的时间管理有何打算？

【讲师总结】

时间就像海绵里的水，挤挤总是有的，而时间管理不仅仅是量的问题，还要懂得合理分配。

主题五：掌控我的学习

【教学目标】

引导学员初步认识学习目标的意义和重要性，指导学员学会合理制定个人的学习目标，使它成为学员学习的动力，让学员在游戏中领悟到有效达到目标的方法。

【教学重点】

（1）教会学员制订科学的学习计划，使学习有明确的目的性，激发学习热情，养成良好的学习和生活习惯。

（2）教会学员掌控学习进度：一是制订目标宣言和目标行动计划；二是完成自己的执行承诺卡，即"如果……那么……"计划。

【课前准备】

自我探索卡（见下表）， A4纸（每人1张），笔（每人1支），执行承诺卡。

自我探索卡

1.学习状况	学习成绩、优势科目	劣势科目、造成劣势科目的原因
2.学习兴趣	对哪些科目有兴趣	哪些科目没有兴趣，没有兴趣的原因
3.学习动机	你觉得学习的目的是什么？	
4.学习方法	你当前的学习方法适合你吗？	有没有需要提高的地方？
5.心理素质	有没有觉得学习压力大？	有没有考试焦虑症？
6.学习环境	是否待在一个爱学习的群体？	家长是否给你很大的压力？

故事分享（6~15岁）：

有一个青年，他很有理想。有一天，他去拜访一位德高望重的智者。当时，智者正在自己的果园里采摘苹果，让他帮忙将高挂在树梢的一个又大又红的苹果摘下来。这个青年人个子不矮，但是他很努力却还是无法摘到那个苹果。他有些失望，面露难色。智者看到这一切，对青年人说："年轻人，你为什么不跳起来试试呢？"青年人听了智者的话，跳了一次，没有摘到；跳了第二次，依然没有摘到苹果；第三次，他稍微休息了一下，调整了自己的情绪，然后奋力一跳，那个硕大的苹果就轻松地握在他手中了。在摘到苹果的一刹那，青年的心中也顿时一亮，他终于明白，智者这是在告诉他：一个人如果要想成功，就必须学会"跳起来"采摘那些看起来高不可及的"苹果"。只有这样，才有可能品尝到成功的滋味。

听完这个故事，你有什么想法呢？

【活动步骤】（6~10岁）

步骤1：你希望自己能跳多高？

（1）想一想自己现在最渴望达到的目标是什么？

（2）想一想自己现在离目标有多远？

步骤2：我的目标宣言

写下自己的目标，以及需要为之努力的行动。

步骤3：如果遇到困难，怎么办？

在实现自己的目标过程中，对可能会遇到的问题做一些预测，然后找出相应的解决方法，以确保自己的目标能够实现。

（1）如果我有时想偷懒，那么我就让妈妈监督我。

（2）遇到学习问题了，我要学会求助别人。

【活动步骤】（11~15岁）

步骤1：你有多高？

在每个人设置目标之前，我们必须要做的是了解你的现状，现在请学员们参考"自我探索卡"，思考里面的问题。

步骤2：你希望自己能跳多高？

通过对以上问题的回答，相信学员们对自己的学习都有了全面了解，那么现在希望你给自己制定一个详细的学习目标。这个目标应该基于你现在的学习水平，在你伸手够不着、跳起来有收获的范围之中。

步骤3：我的目标宣言

学员要根据范例制订自己的目标宣言，其中包括目标和行动。

学员目标宣言

我的目标	英语成绩提高 10 分
我的具体行动	每日听半小时的英语（去学校的路上） 每日做一篇英语阅读（晚饭前） 每周六对一周的英语学习进行复习和总结（周六晚上） 每周写一篇英语周记（周日） 每周做一套英语试题（周日）

步骤 4：我的执行意愿

请学员为实现自己的目标，对未来有可能遇到的问题进行预测，并找出相应的解决方式。完成执行承诺卡，以确保目标能够实现！

（1）如果阅读理解生词实在太多，我一点都看不懂，那么我就查字典一点点弄清楚。

（2）如果我考试前特别紧张，那么我就约心理辅导老师谈一谈。

【讲师总结】

一个渴望成功的人，永远会去努力采摘那些需要奋力跳起来才能够得着的"苹果"——目标。

跳起来摘苹果，为自己设置一个又一个更高的目标；但这个更高的目标并不是盲目的、不切实际的，恰恰相反，需要脚踏实地，持之以恒。

主题六：重燃你的学习热情

【教学目标】

通过沙盘游戏让每一位学员都能感受到学习的乐趣和意义，让学员在以后的学习中能够更加主动与积极。

【教学重点】

通过自我探索的方式来了解、认识自己对学习的主观体验，让其充分挖掘和感受学习是一个吸取知识的快乐旅程，激发他们内在的学习动机。

【课前准备】

（1）分组，每组一个沙盘，4~6人一组最合适。

（2）每个学员需要5个沙具。

【活动步骤】（6~15岁）

步骤1：破冰——大风吹

（1）全体围坐成圈，固定每个人的位置，主持人没有位置，立在中央。

（2）主持人开始说："大风吹！"大家问："吹什么？"主持人说："吹穿皮鞋的人。"则凡是穿皮鞋者，均要移动。另换位置，主持人抢到一个位置，使得一人没有位置而成为新的主持人。再继续大风"吹"。

步骤2：分组

讲师根据自身经验分组，分成4~6人一组。

步骤3：感受沙子

请大家安静下来，静心一分钟。调整到最舒适的坐姿，调整呼吸，慢慢闭上你的眼睛，把你的双手放到沙盘的沙子中，然后可以用各种方式来接触沙子。把你的注意力放在手和沙子接触的感觉上。让自己静下来，默默地感受就好。

（留白5~7分钟）

请大家调整坐姿和呼吸，按照你自己的呼吸频率做深呼吸。让我们的情绪慢慢平静下来，当我数到1的时候，请大家慢慢睁开眼睛。

步骤4：分享感受

请每个组员畅所欲言，说说自己刚才触摸沙子的感受。

步骤 5：引导回忆学习的乐趣

请把你的坐姿调整到最舒适的位置，调整你的呼吸，慢慢闭上你的眼睛，把你的双手放到沙盘的沙子中，然后可以用各种方式来接触沙子（停 1~2 分钟）。请大家回忆一下自己从小到大在学习过程的收获，比如说解出了一道超难的数学题，朗读课文获得老师的称赞，获得了一次满意的成绩……去感受自己脑海中出现的画面，并定格它（停 1~2 分钟）。

好，当我数到 1 的时候，请大家慢慢睁开眼睛。

步骤 6：选自己喜欢的沙具

去沙盘架上选取 3~5 件沙具，来表达你脑海中的画面。

步骤 7：每个人轮流分享自己的故事

每个组员都分享为什么自己拿了这些沙具，以及背后所隐含的学习故事。

步骤 8：分享沙盘体验

所有的人围成一个圈，分享沙盘体验。

【讲师总结】

寓教于乐的教学形式能够让孩子更愿意主动分享，激活他们的心理，发现学习的乐趣。

主题七：集中你的注意力

【教学目标】

良好的注意力是成功的保障，造成孩子学习成绩差异的基本原因就在于注意力。人在一生中的每个年龄阶段都要完成相应的任务，才能获得心理上的成长和社会功能的完善。因此尽早训练孩子的注意力不仅能帮助他们提高学习效率，还能获得心理上的成长。

【教学重点】

通过游戏的方式让学生产生学习的兴趣，发现集中注意力的有效方法。

【课前准备】

选取一段有人在传球时黑猩猩干扰的视频。

【活动步骤】

（1）"黑猩猩"视频导入

注意看：视频中白队一共传了几次球？

以提问互动的方式推进课程进度，引出后面的课程。

（2）注意力水平小测试

① 舒尔特方格：画"舒尔特方格"不但可以简单测量注意力水平，而且是很好的训练方法。练习的时间越长，看表所需的时间会越短。随着练习的深入，眼球的末梢视觉能力提高，初学者不仅可以有效地拓展视幅，加快阅读节奏，锻炼眼睛快速认读；而且在进入提高阶段之后，同时拓展纵横视幅，达到一目十行、一目一页非常有效。

每张舒尔特表按字符顺序，迅速找全所有的字符，平均 1 个字符用 1 秒钟成绩为优良，即 9 格用 9 秒、16 格用 16 秒、25 格用 25 秒。

练习刚开始时，达到不标准是非常正常的，切莫急躁，应该从 9 格开始练起。感觉熟练或能比较轻松地达到要求之后，再逐渐增加难度，千万不要急于求成。

视野较宽、注意力参数较高的读者，可以从 25 格开始练习。如果有兴趣继续提高练习的难度，还可以自己制作 36 格、49 格、64 格、81 格的舒尔特表。

为了避免反复用相同的表产生记忆，你可以自己动手制作不同难度、不同排序的舒尔特表，规格大致为边长 20 厘米的正方形，1 套制作 10 张表。一定要选择自己熟悉的文字。

注意事项：

（ⅰ）眼睛距表 30~35 厘米，视点自然放在表的中心；（ⅱ）在所有字符全部清晰入目的前提下，按顺序（1~9，A~I，汉字应先熟悉原文顺序）找全所有字符，注意不要顾此失彼，因找一个字符而对其他字符视而不见；（ⅲ）每看完一个表，眼睛稍做休息，或闭目，或做眼保健操，不要过分疲劳；（ⅳ）练习初期不考虑记忆因素。每天看 10 个表。

提示学生：这是我们的独特创造，不可以被同桌看到；先画一个大正方形，边长为 10 厘米；将正方形分为 5×5 的方格，共 25 个格子；在 25 个格子里随机填上 1~25 的数字，排版越乱越好；将纸张反面朝上保管好。

② 测试测试员任务：当记录员喊"开始"时，迅速翻开方格纸，依次指出 1~25 个数字所在位置，同时诵读出声。记录员的任务：记录你喊"开始"时的秒针位置和测试员顺利地数完"25"这个数字时秒针的位置，减一减，得到测试员从 1 报到 25 整个过程所用时间；监督测试员在测试过程中是否有错误（报数时手指有没有点对数字），若有错误需纠正，仍继续计时。

（3）小故事分享

蔡老师与何老师是一对好朋友。一个星期六的早上，蔡老师约了何老师逛商场，可是蔡老师在商场门口等了何老师半个小时，始终不见何老师的身影。于是蔡老师就独自来到了商场的服装专卖店，买了一条牛仔裤。何老师在商场的电梯旁等了蔡老师很久，没有看到蔡老师的影子。打了几次蔡老师的手机，都没有回音。何老师回家时很不高兴地想："还是好朋友呢，这么轻易失约！下次见面时我一定要好好宰她一顿，让她请我吃饭！"

针对故事回答一下问题：

① 蔡老师是否约了何老师在商电梯口见面？

② 何老师的失约是否让蔡老师十分生气？

③ 蔡老师的手机是否正好没有带在身边？

④ 蔡老师是不是买了一条牛仔裤？

⑤ 蔡老师与何老师约定了周几逛商场？蔡老师等了何老师多久？

⑥ 最后蔡老师是否请王老师吃了一顿饭？

（4）案例分析

乐乐是一名初三学生，性格阳光开朗，但成绩一直在中下游徘徊。眼看着就要中考了，乐乐也有些着急，有心想要提升成绩，但他和他父母都不清楚到底是哪里出了问题。

下面是他父母的一些叙述：

① 乐乐回家之后其实学习挺认真的，每天作业都要做到很晚。

② 他不怎么玩电脑，只是会开着，挂着游戏或者放点音乐，他喜欢做作业的时候有"背景音乐"。

③ 除了周末，他不怎么出去玩，一开始我们怕他憋坏了，但后来发现他会跟着音乐大声唱歌，也会偶尔摇头晃脑跳来跳去，就不担心了。

④ 偶尔进去看看他作业写得怎么样了，会发现他在组队打游戏，他说做作业总是集中不了注意力，还不如先专心玩一会儿再好好做，他告诉我这叫"劳逸结合"。

⑤ 他很喜欢吃水果和零食，尤其是水果，我路过他房间的时候总能听到"咔嚓咔嚓"的咀嚼声，我觉得这样挺好的，长身体的时候，要多补充点营养，看着他边吃边做作业，我们做父母的挺心疼的。

⑥ 可能是水果吃得多吧，他厕所上得很勤，最快的时候半个小时左右就要去一次。

⑦ 有时候碰到不会的题目，他也会打电话问同学，问完问题也会聊聊其他感兴趣的事，我觉得是孩子之间的正常交往，也没阻止。

任务： 注意观察分析

① 该学生存在什么问题？

② 这些问题有怎样的影响？

③ 我们应该怎样帮助他？

（5）说一说

在生活和学习方面，我们身边存在哪些不能集中注意力的情况？

彩虹糖游戏：把彩虹糖放到桌子上，每个人只可以上来一次，你可以拿一颗糖立刻回去，也可以等 10 分钟后得到 5 颗糖，如果你能坚持 20 分钟，就可以得到 10 颗彩虹糖。

引导：通过糖果游戏让孩子学会自控，拒绝诱惑，转移注意力。

（6）教授集中注意力的方法

① 积极的自我暗示

千万不要受自己和他人的不良暗示。有的家长从小就这样说孩子：我的孩子注意力不集中。在很多场合都听到家长说：我的孩子上课时精力不集中。有的同学自己可能也这样认为。不要这样认为，因为这种状态可以改变。对于绝大多数同学，只要你有自信心，相信自己可以具备迅速提高注意力集中的能力，能够掌握专心这样一种方法，你就能具备这种能力。我们都是正常人、健康人，只要我们下定决心，排除干扰，肯定可以做到高度的注意力集中。

② 培养对集中注意力的兴趣

有了这种兴趣，你们就会给自己设置很多训练科目，采取很多训练方式和训练手段。你们就会在很短的时间内，甚至完全有可能通过一个暑期的自我训练，发现自己和书上的那些大科学家、大思想家、大文学家、大政治家、大军事家一样，有了令人称赞的集中注意力的能力。

③ 节奏分明地处理学习和休息的关系

同学们千万不要这样学习：一整天就是复习功课，然后，从早晨开始书一直在手边，但是效率很低，一会儿干这个，一会儿干那个。12 个小时就这样过去了，休息也没有休息好，玩也没玩好，学习也没有什么成效。这叫学习和休息、劳和逸的节奏不分明。正确的态度是要分明。那就是我从现在开始，集中一小时的精力，比如背诵 80 个英语单词，看能不能背诵下来。高度地集中注意力，尝试着一定把这些单词记下来。学习完了，再休息，再玩耍。当需要再次进入学习的时候，又能高度集中注意力。这叫张弛有道。

④ 排除内外环境的干扰

排除外环境干扰：尝试在嘈杂的环境中读书来训练自己的抗干扰能力。这是可以逐步训练的。

排除内环境干扰：环境可能很安静，但我们的心却无法静下来。这时候，同学们要学会将自己的身体坐端正，将身体放松下来，将整个面部表情放松下来，将内心各种情绪的干扰都放到一边。

⑤ 空间清净

这个方法非常简单，当你在家中复习功课或学习时，要将书桌上与你此时学习内容无关的其他书籍、物品全部清走。在你的视野中，只有你现在要学习的科目。同学们常常会发现这样真实的场景：你坐在桌子前想学数学了，这儿有一张报纸，本来是垫在书底下的，上面有些新闻，你止不住就看起来，看了半天，才想起来自己是来学数学的。或者本来你是要学习的，旁边的小电视还开着呢，看着看着，就把原来要做的事忘得一干二净了。

【讲师总结】

良好的注意力是成功的保障，造成孩子学习成绩差异的基本原因就在于注意力！家长一定要及早训练孩子的注意力，不要让孩子带着遗憾去过一生！

主题八：减轻学习压力

【教学目标】

解决各种压力源的困扰：超负荷学习、考试挫败感、成绩考评、校园人际关系紧张、学生角色、孩子与成长角色冲突、低效率学习满意度、低成绩、校园潜规则、不良学生标签化、同学不和睦、成长空间渺茫、学习率降低、学习复杂性及智商不匹配、学习环境恶劣、成长环境不良、生物钟紊乱、学习与爱好冲突等各种成长中的压力。

【教学重点】

我们从出生开始就面临各种各样的压力，这些压力源散布在我们周围，左右着我们的情绪，影响着我们的学习效率和生活质量。如何掌握释放压力的方法，找到适合自己的方法就变得尤为重要，本次课程就是引导孩子找到适合自己的解压方式。

【课前准备】

概念叙述

（1）压力是当意识到某种情形，或者某个人，或者某件事情具有潜在的威胁性和紧张状态的时候做出的反应。压力是压力源和压力反应共同构成的一种认知和行为体验的过程。

（2）学习压力（work stress）是指因工作负担过重、变换生产岗位、工作责任过大或改变等对人产生的压力，工作压力也称工作应激（job stress）、职业应激（occupational stress）、职业紧张、工作紧张。

（3）学习压力大的警告信号

性情的改变：原本话多的人话变少了，性格开朗的变沉默了，热情的变得冷淡，心事重重，情绪低沉，离群索居。

情绪的变化：开口讲话容易伤感，或者容易激动、发怒、冲动，做事轻率。

学习时的状态：注意力不集中，效率低，畏难，工作质量粗糙。

生活规律的改变：失眠，疲惫，有的人对烟酒的消耗量比平常增加了。

【活动步骤】

活动1：成长三部曲

活动目的：活跃团体气氛，体验成长需要

活动场地：室内、室外均可

活动顺序：

（1）我们将活动过程比作小鸡的成长状态：蹲着——鸡蛋，半蹲——小鸡，站立——大鸡。

（2）成员们最开始都是鸡蛋，然后找同为鸡蛋的成员以石头、剪刀、布的方式进行比赛，鸡蛋对鸡蛋赢的晋级为小鸡，输的继续做鸡蛋；小鸡对小鸡，赢的晋级为大鸡，输的继续做小鸡；大鸡对大鸡，赢的回座位，输的变回小鸡，重新再和小鸡PK。

（3）最后场上剩下鸡蛋、小鸡，请剩下的人谈谈感受——希望不希望重新再来？看是不是有机会回到座位？

活动小结：① 从游戏中你感悟到什么？② 看到别人陆陆续续长大时，你有没有感觉到压力？

活动2：我说你画

活动目的：认识体验压力产生的原因；交流分享工作中经常遇到的压力。

活动材料：彩笔、卡纸。

活动顺序：

（1）将事先准备好的彩笔和卡纸分别发给每位参与者。

（2）宣布游戏规则：参与者根据指令一笔一笔地画，不许问，不许涂擦，不许相互观望。

（3）主持人下指令：先画一个大圆，再画很多条直线，然后画一个中圆和两个小的椭圆，最后画一个直勾和两个半圆。

（4）参与者将自己的作品展示给大家看，大家从中挑选出感觉最好的作品和最不好的作品（最好的指看起来像一幅画，最不好的指什么也不像）。

（5）请被选出的最好作品的作者 A 和最不好作品的作者 B，讲述自己完成作品的过程。

老师讲解：这是一个利用心理投射原理进行的心理测验游戏。我并没有想到要大家画出什么，只是想通过这个活动让大家明白，在完成同样一件事情时每个人所感受到的心理压力是不同的。A 的心理压力最大， B 几乎没有什么心理压力。原因是，A 在接受外部工作任务的同时，又不自觉地给自己再下了一道任务（如，我必须……我应该……）。这样任务加任务就使得任务变得复杂化，执行起来难度就加大，心理压力就大。从这个角度讲，心理压力是我们自己造成的。

活动小结：

（1）从游戏中你感悟到了什么？

（2）谈谈工作中处于高压力状态下会出现哪些反应？常用哪些方法对抗压力，效果如何？

（3）制订一份幸福清单，设定并公布自己想要从事的放松和减轻压力活动的清单。

（4）你如何实施你的幸福清单？

引导：

人就像一个气球，每天都需要不断填充能量，如果这些能量只进不出，就相当于一直给气球充气，迟早会爆炸。气球必须要有漏气的地方，再不断填充气体，这样它才能始终保持平衡。其实人也一样，既要时刻填充正能量，又要不停排放负能量，让人始终处于一种平衡状态。具体的操作方法就如同我们吸气和呼气一样，在一呼一吸之中就可以慢慢将能量吸进来，将糟糕的情绪和压力呼出去，使自己始终停留在一个自然轻松的状态，让自己的灵魂自在地存在于大自然中，时刻感受到自己的存在。

【效果评估】

（1）认识压力产生的原因，交流分享学习中经常遇到的压力。

（2）有效掌握人体气球理论，学会压力管理，学会各种有效的放松方法。

（3）学会快速减压的 23 种方法，提升情商、逆商。

（4）具体减压方法训练：

① 拇指食指相捏减压法：左右手大拇指和食指分别使劲捏在一起，快速数到 10。

② 倾诉法（宣泄法）：找亲人好友作为倾诉对象，或在安静的角落自言自语。

③ 不开心多用理性思维，开心时用感性思维；先处理情绪，再处理事情。

④ 呼吸法：深呼入，慢呼出。

⑤ 回避法：快速脱离压力源。

⑥ 听音乐或看喜剧电影，笑声有助放松。

⑦ 当你有压力时散散步，这有助于重拾希望。

⑧ 自我对话法（内观减压）：自我觉察活在当下，注重此时此刻的感受。

⑨ 慢下来，静下来，松下来，做个柔软有弹性的人。

⑩ 尽量保持桌子清洁，事情太多时删掉一些。

⑪写日记：把压力和不开心写出来。

⑫ 买些平日想要买但舍不得买的东西犒赏自己。

⑬ 每工作 1 小时以上要休息 5 分钟。

⑭ 看看新闻会增强幸福感，多想想自己的优点。

⑮ 唱歌、健身房运动或游泳等可缓解压力。

⑯ 培养兴趣，做自己喜欢做的事情。

⑰ 睡个"美容觉"，充足睡眠可减缓压力。

⑱ "化悲愤为食欲"，注意营养，享受美食。

⑲ 泡个热水澡，减轻压力。

⑳ 躺在沙发上 15 分钟，关掉手机，放空自己。

㉑ 去旅游户外运动，呼吸新鲜空气，享受阳光。

㉒ 回忆美好往事，翻看自己或家人的照片，回忆亲情是很好的减压方法。

㉓ 自我催眠放松。

【讲师总结】

减压的技巧不仅有呼吸法，还有很多其他方法，比如我们今天的游戏，比如彼此倾诉，再比如听音乐等。

2.3　人与社会的关系

我们会因阳光明媚而欣喜，会因阴雨连绵而低落。但是我们的诗人却写出了"不以物喜，不以己悲"的绝句，说的就是启心养智的道理。在这个由各种形形色色的物种构成的大自然中，我们不可避免地要与自然界的人和事发生某种关系。从呱呱坠地到寿终正寝，无数人走进了我们的生命，和我们发生各种复杂的关系。我们的父母兄弟，我们的爱人情侣，我们的同学师长，我们的友人闺蜜，我们的同事亲戚……还有那不经意的擦肩而过，茫茫人海中的偶然相遇。在这些关系中，我们产生了各种各样的感受，反馈出各式各样的情绪，也产生了形形色色的行为。有幸福甜美的，也有纷扰烦恼的，有争执愤怒的，也有感恩感激的。无数个生命交织在一起形成了一个巨大的社会网络，只要我们活着，就不可避免地与整个社会有着千丝万缕的关联，成为这张社会大网上的一个节点。这种关联是那么密切，以至于我们几乎不可能与它隔绝。当然，每个人又有自己生存的边界，当我们面对这些纷繁复杂的关系时，可以通过给自己设定一个合适的边界，来决定他们需不需要彼此交织。这就是人与社会的关系，它取决于我们自己的内心。

2.3.1　人际关系

这里所说的人与社会的关系，指的是人与人之间的关系，人与社会秩序、社会规律之间的关系。要处理好这些关系，就需要有一定的社会生存力。

人一生下来，就要与人打交道，而这个打交道的能力我们称为人际交往能力。很多时候，我们的许多烦恼与不快都源于人际交往能力的失调，而影响一个人人际交往能力的关键因素就是自我情绪管理。要想保持或增加孩子的幸福指数，最好的方法是协助他们拥有良好的人际关系。

社交能力被现代人称为情商。高情商其实包含了觉察自我情绪、体察别人情绪的能力，管控调节自我情绪的能力，抗压抗挫折的能力，自我激励的能力及维持良好人际关系的能力，可概括为对一个社交环境的感知能力、辨析适应能力和沟通交流能力。而决定社交能力高低的除了天然的遗传基因（即原始思维）以外，还有后期可以习得或提升的技巧，我给它总结成六个词语——尊重、聆听、欣赏、帮助、感恩、等待。

人际交往本身是在与他人沟通、协作、分享、共感的基础上建立的，那么这 6 个词语就可以协助孩子很好地做到沟通、协作、分享和共感。

社交是一个线性推进的过程，我们不可能奢求一下子就跟某个人或某群人建立极强的共感，而决定能否跟对方进一步推进情感的关键因素是我们在交往时谈论的方式及谈论的话题。如果我们的社交关系处于合适区域，就可以聊很多共感、共情的话题。而处于分割点另一端的区域的，一般都只是聊些客气的、与我们关系不大的话题。那么，尊重、聆听、欣赏、帮助、感恩、等待这几个词语则有助于我们的人际沟通模式尽快进入黄金分割区域。

　　孩子从 2 岁半拥有独立意识的时候开始，就试着支配自己的物品，试图用交换物品的方式跟周边的人发生交流。但这个时候他们往往针对的是自己喜欢的人、最亲密的人。比如，孩子往往会递好吃的东西给主要抚养人，主要抚养人的回应就是与孩子的社交，如果爸爸妈妈拒绝了，孩子可能就会失望。因为孩子这时候的社交关系表现为控制与被控制的关系，你不接受就意味着你不想让他依附于你。孩子在上幼儿园的时候，也会通过跟小朋友交换玩具来建立社交关系，这时候我们的爸爸妈妈尤其是爷爷奶奶，千万不要因为孩子用贵重的玩具去交换别人便宜的玩具而阻止他，因为你在扼杀他尝试社交的可能。孩子的社交经历过依附权威后，就会试图摆脱权威并独立，一定得让孩子自己去发现和体验。所以，当你看到孩子时常跟最要好的朋友发生矛盾，产生分歧，不要过多地干涉，因为那其实是他对社交关系的一种探索，标志着他的社交模式进入了反权威和反依附的阶段。很多人的社交模式因受父母的约束，到了成年都无法走出这种依附权威的阶段，一直得靠共情社交来逃避自己的内心的孤独感，这就是我们常见的讨好型人格。人为了表达爱意，消除孤独，会从心理上对别人的控制和反控制表现出情感上的依赖和沟通，这奠定了孩子的社交基础。共情社交就是反控制后出现的一种情感沟通模式，指的是获得情感联结与情感体验，或是由共同的兴趣等而产生的社交行为。共情社交一般都比较真实，会毫无保留地将自己的情感、困惑等都分享给别人，这种时候一般就进入了关系的黄金分割点区域。除了共情社交，还有功利性社交，也就是现在常说的所谓的资源，即很多人为了达到一个目的或利益跟你产生的社交行为。这样的社交我们需要让孩子学习识别，但可以不去强化。

　　最成熟的社交关系模式是人和人之间达到一种和谐的关系，而这种和谐的合作关系是通过我前面提到的那 6 个词语组成的规则来构建的。在生活中越成熟、越独立的人就越是对共情社交不在乎，因为他们的人格独立，社会生存能力强，不需要借助功利社交支持和实现自我。所以，我们传递给孩子的社交心态应该是开放的、不强求的、以自己的舒适需要和价值观为主导的。说白了就是顺从自己的内心感受而交往，不讨好、不企图，怀着平常心。

事实上，很多家长受自身文化素养及生存技能的局限，我们的孩子很早就已经在形成一种属于他们自己的原始思维。而这决定了我们天生就有几种不同的社交模式，那么，如果想让这些人的社交关系趋向于和谐，作为教育者，我们除了示范以外，还需要有一定的技巧。

每天晚上睡觉前，我女儿都会和我一起看书、聊天、听音乐，但有一天她不仅没跟我聊天，连往日闹着让我陪着看书的心情都没有了，独自一个人躲在房间里发呆。

于是我走进她的房间问她："宝贝，你好像不开心，是在学校发生什么事情了吗？"一听到我的声音，女儿的眼泪马上就掉下来了，她说："他们都不跟我玩，我每次管他们，他们都不听我的，我觉得好孤单。"

"是所有同学吗？"

"不是，是我同桌还有前后桌，只有小红愿意跟我玩。"她非常委屈地说。我很清楚，人是群居类动物，孩子更需要朋友的陪伴，社交技巧对于孩子来说更加重要。

"宝贝，你告诉我，你想交的朋友有哪些？妈妈帮你一起跟他们交朋友，我们一起学习如何交朋友好不好？"女儿报出了好几个小朋友的名字，然后我通过班级群，加了这些小朋友妈妈的微信，并主动发出了周末聚会的邀请，她们都答应了，周末，这几个同学都赴约了。女儿和他们一起完成了很多儿童娱乐项目，在玩的过程中，他们的关系越来越近，女儿开心极了。

我告诉女儿："交朋友其实很简单，只要你能诚恳主动地与人交往，对方一定会跟你互动的。关键是第一次的交往，你需要积极主动。只要有了第一次的接触，时间久了，他们自然就了解你了，你们就可以成为很好的朋友了。如果真的有小朋友特别不喜欢跟你玩，你积极主动地跟他互动过，对方也没有给你回应，那你也可以不再浪费时间。"

后来，女儿每次都主动去帮助同学，邀请同学一起学习，一起外出写生，她的朋友越来越多。期末的时候，她自己都没有想到竟然被选上做班长了。这就是前面所说的父母作为孩子沟通模式的起点，既要示范，也要教给孩子技巧。

1. 人际关系中的距离感界限

某日，我接到了一个非常揪心的电话，一位至亲因家庭矛盾遭遇了不公正的袭击。想起过往的亲密，忆起童年恩情，我的情绪瞬间有点失控，恨不得马上飞过去为她讨回公道。然而，在觉察到自己的情绪以后，我选择了冷静。因为爱她，所以我需要教会她自己去面对和处理，我不能越界。

关于界限的问题，我不止一次在我的专栏文章里提起过，每个人都有自己该坚守的界限和底线，事实上，我们常常会因为某些所谓的爱破坏这样的界限。

没有电话指挥、没有飞赴现场，我怀着一颗自责的心，踏上了自己的旅途。下榻酒店后晚餐时偶遇的一幅画面，让我悄然释怀。

我看见一个五口之家在晚餐时畅谈甚欢，亲密无间。饭后，大儿子走向图书区域戴着耳机阅读，二儿子安静地听着音乐，小儿子则自顾自地用牙签搭积木。孩子的爸爸在看书，妈妈则在手机上翻阅着资料。这样安静的画面甚是甜蜜。假如在旅行中父母和孩子之间都能如此默契地相处，那他们的日常必然也是如此坚守着各自的领域。没有焦虑的母亲因为孩子拿酒店的牙签玩就指责谩骂，没有因父母不管就无法独立生活的孩子，更没有缺失的父亲。他们都属于自己。

我观察了这个家庭近一个小时，他们每个人的空间始终是独立的，即便偶有交叉，也是甜美和谐的。孩子是独立的个体，有自己的尊严和独立的空间。从刚才的画面中不难看出，三个孩子的成长都是被尊重的，他们的自由也是被赋予的。在他们这种界限分明的亲子关系中，孩子是被当作一个有独立人格的生命对待的。属于他们的领域，他们的父母从未轻易闯入，既没有指责也没有干预，独享空间的权利只属于他们自己，父母从未擅自剥夺。即便小儿子拿那么多酒店的牙签在玩，很有可能会遭到服务生的制止或批评，他们的父母也觉得那该由他自己面对，他们没有越俎代庖。或许正是因为这三个孩子早早就被当作成人对待，所以，他们才会那么有思想、有主见、有分寸、有责任感，当然也有勇气和担当。

或许看到了榜样，或许周遭的环境十分宁静雅致，我的两个孩子也懂事不少，那是我带俩娃外出时用餐最轻松的一次了（三周岁的女儿时常会因为要抢夺哥哥的东西而闹情绪）。我跟先生心照不宣地对视，借机告诉了孩子们家庭的界限。

在跟孩子们讲述家庭成员间的界限的时候，自己的思路也清晰了不少，对于那位至亲受气的事情也便看开了。

或许很多人会疑惑，究竟什么是界限？其实，祖辈早就给了解释。比如，农村在造房子时会立界碑，那是一种界限，两国交界处会设边境界碑，也是一种界限。这些界限都告诉我们，在你的财权范围内你可以自行处置，不在你的财权范围，你需要遵守规矩。人与人之间也一样有着非常明显的界限，不踩线、不越界方可泰然处之。

事实上，在现实生活中，有太多的人以爱的名义在不断践踏着亲人、爱人乃至人际关系中的界限。夫妻吵架，丈母娘和婆婆帮忙；父母闹离婚，拿孩子当输赢的砝码；婆媳闹矛盾，拿丈夫、小叔子和小姑子当盾牌。界限混乱不清，经常会越帮越忙，引发家族大战，严重的甚至会触犯法律。正如我那位亲戚的事情，假如我横加干预，或许反倒给她徒增烦恼和压力。鼓动她离异？或许她的本意并非如此。安慰她坚守？也许她早已难以忍受。玩转"权力的游戏"协助她夺得更多财富？我什么也不能做，能做的恐怕只能帮她看清当下的自己，看懂眼前的生活。因为一方势力和领域的无限扩张，必定造成另一方势力和领域的退缩甚至是消失。

有人说，这个世界上只有三件事：自己的事、别人的事和老天的事。的确如此，当我们把别人的事当成自己的事去妄加干涉时会有两种结果，要么把自己的事搞砸了，要么把别人的事搞砸了。因为当我们缺乏界限感的时候，要么就依赖上了别人，要么就被别人依赖上了。而无论是依赖别人痛失自我，还是被人依赖失去自我，最终的结果都将是痛苦的。与其强加干预，不如让他人独自面对，早日丰满羽翼，展翅翱翔。所以，如果爱，请保持距离。

社会新闻中时常有学生因为分数不能让父母满意而选择跳楼自尽的惨剧。我想警示一下各位父母，请不要以各种理由来破坏亲子的界限。不要总拿着那句"你是我生的，我做一切都是为你好"来绑架你的孩子；千万不要说"你还小，我吃过的盐比你吃过的饭多，需要听我的"；更不要说"你自律性太差，需要我盯着你"；最忌讳的便是"你什么都不懂，我来帮你选择做决定"。

你以为你那是爱，其实，你剥夺了他的隐私权、选择权、交友权、独处权甚至是犯错权，他又怎么可能向你预期的目标展翅飞翔？

当一个人没有了基本的自由的时候，他能做的要么是撒谎成性，要么是逆来顺受，要么是离经叛道。这些行为可能就是孩子对你长久以来各种不满的最有力的抗议！

孩子是一个独立的生命个体，需要被尊重和认同，需要空间呼吸，需要在自己的地盘施展手脚，需要在亲历中学习，需要在挫折中成长，这些都是别人无法替代的。爱孩子，请后退一些，再后退一些，守住你和另一个生命之间的界限！

2. 父母是孩子学习社交模式的起点

人际关系说到底是自己与人的关系，自己的内心强大了，就算和他人的交际过程中存在一定的问题，也可以感染和改变对方，这也是我前面提到的启心养智。人的一生无外乎家庭关系、师生关系、同学关系、同事关系、管辖和被管辖的关系等。无论处理哪种关系，我们都必须学会从多角度、多因素去客观看待，而不是一味地沉于事而忘其行，这里的"行"指的是事物发展的规律。当你意识到这些问题的时候，其实，事情就已经变得简单，人际关系也开始顺遂。

少年警校里有两节人际关系核心课，也都是源自大量的实践证明才固化下来的。"感恩生命之旅"课程：处理与父母、老师、爷爷、奶奶、外公、外婆等主要抚养人的关系；"巧解人际沟通千千结"课程：让孩子认识人际规律，懂得破译里面的关系。为强化前两节课的效果，毕业当天会搬出第三堂人际关系课，也就是"当你老了，我还可以"。这个课强调的是孩子和家长在各自冷静和感悟以后，会彼此谅解。

所以，如果想要让孩子尽可能开心地生活，拥有幸福的人际交往模式，我给各位几个建议，即"四不两做"。

（1）四不

① 不虚荣、不对比。不要拿自己家孩子跟别人攀比，尤其不能当着孩子的面说，那是在满足你自己的虚荣心。

② 不评判、不指责。不要动不动就因为孩子的某个行为就对孩子评头论足，各种指责约束，这是在扼杀他的社交探索能力。

③ 不主观、不强制。不要因为孩子的朋友不是你喜欢的类型就强制要求孩子与这个伙伴断绝关系等，你在用自己的社交经验剥夺孩子的社交权利。

④ 不功利、不主导。不要为了满足你的功利需求，要求孩子跟某个人玩，那是在满足你的需求，将你的主导思想强加在孩子身上。

（2）两做

① 做引导，给启发。如："看上去你很喜欢跟 ×× 在一起玩，她一定有很多吸引你的地方，你愿意跟我分享吗？"

② 做示范，给体验。直接带孩子去社交场合，让孩子自己体验社交礼仪、

感受社交暗语，让他自己明白"良言一句三冬暖，恶语伤人六月寒"，感悟出社交需要尊重、聆听、欣赏、帮助、感恩、等待。

少年警校里的课程往往是连续性的，比如"感恩生命之旅"这门课与"感恩爸妈故事会""感恩牵手相伴"是一个系列，就是在不断强化孩子由心出发，学会与人相处。其中，"感恩生命之旅"是用催眠的手段让孩子重返母亲体内，感受成长的酸辣苦甜，为孩子植入一颗爱的种子，让他们学会用感恩的心对待父母，让他们学会用感恩的心对待他人、对待社会，用感恩的心对待自己，用感恩的眼光看待当下的挫折与失败。"感恩爸妈故事会"是用讲述童年故事的方法，让孩子学会诉说，主诉自己的童年辛酸，主要目标是让孩子能够尽快捕捉到自己成长的烦恼，自省自悟，感受成长的动力所在。以上两门课都是按照单独的个体安排的。"感恩牵手相伴"则是孩子与父母经过多天的分离以后，逐渐开始顾及彼此的感受，期待相见，这是双方提升交际关系的最佳时机。老师要抓住这个机会点醒父母，给孩子指明，最终确定彼此的交际目标，并授予亲子交际沟通技巧。前面两个侧重个体感受、感悟和感触，后面一个侧重双方沟通技巧和沟通手段。

比如，"感恩生命之旅"课的催眠语为：

咕噜、咕噜、咕噜……你听，那是我在妈妈的肚子里吐泡泡的声音；你看，这个小圈圈飘得好快呀，我追、我追、我追追追，这是我在妈妈的肚子里吐的小圈圈。喔喔喔，这个小船怎么变形了？我左一拳，右一拳。

"宝贝你能不那么乱踢乱蹿吗？"

爸爸的大手在摸我的小屁屁，我蹬、我蹬、我蹬蹬蹬，就不给你碰到。

"小淘气，咱能不能不要把妈妈的肚皮当球踢？"

哈哈，10个月过去了，我终于可以出来透透气，你听，妈妈在撕心裂肺地哭泣。妈妈，不哭，我出来就可以抱抱你。

"哇"的一声，我终于看到了爸爸和妈妈。这个跑来跑去的老人应该就是我妈妈的妈妈，终于见到你，从此以后，我们不分离，生命真的好神奇。

蝌蚪冠军已分离，妈妈，我终于可以每天抱着你。爸爸，我终于可以每天跟着你，你真的好神气。

"宝贝儿，你慢慢长，妈妈已经抱不动你。"

"妈妈，我大了，要学本领才能保护你。"

从此你不再专属于你的妈妈，妈妈也不再专属于你。从此，我再次进入了大海里，奥数题、作文赛，学习的大海里游泳好无趣。

"宝贝，你这次的成绩怎么又差了？宝贝，你这次的分数又降了。宝贝，隔壁的姐姐拿了第一，好神气。宝贝、宝贝、宝贝，你怎么就那么不争气。"

"妈妈，我好想透透气。妈妈，我的生活好无趣。妈妈，我能不能再回到你肚子里？妈妈、妈妈、妈妈，我真的很想好好抱抱你。我并不是真的没出息。我也会焦虑，我也会有压力，我也好想争口气。可是，可是，可是，我就是不知道该怎么努力。题太多、人太小，我已被压得喘不出气。"

"宝贝，妈妈理解你，妈妈也心疼你。妈妈也特别想一直抱着你。可是，燕已高，窝已小，小燕唯有学飞高。"

"妈妈，我会尽力，愿一切都顺你意。只是前方的路好暗，我好恐惧。"

"宝贝，莫叹气，妈妈一直守护你。光明不来，我们永不分离。"

"妈妈，你看，前方有一道光。"

"宝贝，那就是你坚持下去最大的勇气。"

"妈妈，我终将需要跟你分离。"

"宝贝，你已拥有了单飞的能力。"

"妈妈，我想试着前行，妈妈，下次再见，我只属于我自己。"

"宝贝，妈妈相信你。看光明已经属于你。"

父母既要引导孩子，也要守住和孩子之间的边界，教会孩子独立成长，培养自己的信念。

案例：

生生自从出生后就一直跟爸妈住在一间房，自从妈妈备孕生二胎，就希望他能够独自睡到自己的房间里。生生不开心了，他觉得这件事情再次证明爸妈有了弟弟妹妹就不爱他了。所以，他坚决反对。还把这件事情悄悄写在了日记本上，三三在帮生生整理资料的时候发现了。"生生，你现在是和爸妈住一起的还是自己住的？我最近要跟我爸妈分开睡了。"三三故意用这个话题贴近生生。果然，生生对这个话题非常积极，他说："我还以为只有我是这样呢，原来你也要跟爸妈分开呀。难道你爸妈也要生二胎？""哈哈，当然不是啦，我妈妈说我现在到了自己长翅膀的时间了，再跟他们挤在一起，会影响我长翅膀。"三三回答说。"长翅膀？你妈这也太小儿科了吧，这你都信呀！"生生反问道。"当然有了，自然界的每个动物都会有翅膀，人也不例外。只是有的动物的翅膀是看得见的，有的动物的翅膀是隐形的，我们的翅膀就属于隐形的翅膀。""喔？那你说说看，我们的翅膀是怎么隐形的？""我妈妈说，我们小朋友每学习一项技能，就会让我们的脊椎变得坚硬一些，而这个坚硬的脊椎就是我们隐形的翅膀，它的名字叫脊梁。技能越多，脊梁承载的分量越重，我们未来飞得也就越高。""好像有点道理，那我们怎么飞呢？"生生继续发问。"你看，我们跟妈妈分开睡以后，就可以独自一个人面对黑暗，独自掌控一个独立的空间，还可以一个人看着书入眠，这就是在让翅膀变强大呀。我最近已经自己入眠一周了，每天早上妈妈都会检查我的脊梁，她说我的脊梁每天都在变强大呢！"

三三还摸着自己的后背指给生生看。"这么说，我爸妈要我跟他们分开睡，也是为了让我长翅膀，希望我未来飞得更高，我误会他们了。"生生自言自语道。"是啊，你看小鸡刚出生时是黄色的，刚开始鸡妈妈经常带它出去寻食吃，等到这些小鸡的羽毛变成白色，就不再跟爸爸妈妈一起出去了，当然晚上也不在一起睡觉啦，那是因为它们的翅膀硬了，可以独立了，我们也是这样哦。"生生回到家后，就要求妈妈帮他买一套变形金刚的被褥，开始自己设计自己的房间。

在这个故事里，我们看到两种不同的家庭模式对孩子的教育方式的不同，想要让孩子学会飞翔，就要放手让孩子自己学习如何生存。

3. 协助内向的孩子塑造良好的人际关系

家有儿女说的应该是我这样的妈妈。儿子今年刚读小学，入学第一天便代表班级登台亮相。女儿也很棒，别的孩子哭叫连天，她都是哼着儿歌去上幼儿园的，第一次入园便是第一个到校的。或许你会说这真是人间美景，我真是幸福的妈妈。的确，我和许多妈妈们一样享受着这样有儿有女的幸福和快乐。但是，有的时候孩子带来的未必全都是快乐，我相信这也该是很多妈妈共同的心声。

比如在大多数的中国人眼里，内向的孩子是没有礼貌的。我带儿子上学的途中就遇到了这么一个件事。那天我和爷爷一起下楼送儿子去上学，恰巧遇到熟悉的邻居，我习惯性地提醒儿子打招呼，儿子只是简单地微微一笑了之。作为一个了解自己儿子秉性的妈妈，我知道那是属于儿子独有的打招呼的风格，并不觉得有哪里不好。不过，爷爷见此状，便说："小鬼太不懂礼貌了，要跟奶奶打招呼呀。"爷爷这句话尽管只是很随意的一句话，但其实站在儿子的角度来看，我的确感受到了他很无辜。

客观地说，我们处于一个"外向理想型"社会，人人都喜欢孩子外向。比如孩子不怎么爱讲话，家长就会觉得孩子不自信，不主动与人打招呼就认为是不礼貌。经常会有家长跟我说："王老师，能不能帮我训练一下孩子的自信心，他特别内向。"其实，这类孩子的独立思考能力往往会很强，内心也比较强大。只是他关注的点和大多数人不一样而已。

比如，我的儿子就属于逻辑思维能力、分析能力及动手能力极强的孩子，他做出来的许多作品往往让人惊叹不已。但是他也有着众人眼里普遍认为的"缺点"。每每遇到与人交往的时候，总是显得有那么一点羞涩。我知道那是这类孩子的性格特征之一。

事实上，无论是内向的孩子还是外向的孩子，都有着他们独有的特点，只不过，不爱讲话这个特点往往会被这个外向型社会的人们认为是缺点。

其实不然，因为，外向的孩子更容易受外界的因素所影响，也可以理解为内心脆弱；而内向的孩子更多的是受内心的声音所影响，可以说是他的生命能量是由内而外的。比如，我的女儿就是典型的外向型孩子，语言天赋异禀，两岁多就妙语连珠。当她和许多孩子在一起玩耍的时候，总是越来越兴奋，因为她的能量来自外部世界的刺激，也可以说成"人来疯"，越是人多她绽放得越精彩。所以，上幼儿园对她来说是一件非常开心的事情。她在入托第一天就特别兴奋，唱着儿歌第一个到校。但事实上她的性格当中就会带有所有外向的人的通病——冲动，很有可能三分钟热度过后就会厌倦了。我的儿子却不同，尽管他当初入园第一天也没有哭，但是他更多的是在观察，做自我判断和分析，喜怒不形于色。虽然他更喜欢待在熟悉的环境里，但并不孤僻或自闭。他只是把更多的注意力投向了内心世界。也正是因为内向的孩子比较细腻敏锐，所以他会拥有常人没有的想象力。很多作家、艺术家都会比较内向，像科学家爱因斯坦、作家莫言、演员奥黛丽·赫本等。内向的人用细腻的情感、用心感受着周遭的一切。

所以无论是内向还是外向，并不会影响孩子未来的发展前途。正如我们当下的考试分数一样，尽管它是衡量一个人优秀与否的核心标准，但一定不是唯一的标准。

既然如此，那么，为什么人们又特别喜爱外向型的人呢？

根据资料显示，人们逐渐开始喜欢上外向的人跟美国的教育家、哲学家戴尔·卡耐基在道德、精神和行为方面的系列理论及其自身成长发展过程中逆袭人性、获取成功的故事，有着紧密的关系。

戴尔·卡耐基生于密苏里州玛丽维尔附近的一个小市镇里。因为家庭贫穷，他营养不良，长得非常瘦小。本已经瘦小的他又长着一对与脑袋不相称的大耳朵，这让他的童年充满了无数的嘲弄。与生俱来就忧郁、内敛和敏感的卡耐基，在遭遇了太多的戏弄、攻击及嘲笑后，开始变得更加自卑和胆怯。他总会莫名其妙地胡思乱想：想自己的衣服、举止会不会被女孩子取笑，担心没有女孩子愿意嫁给自己。事实证明，这些他想过的事情99%都没有发生。他不仅娶了妻子，还结了两次婚，其中第一任妻子还是赫赫有名的伯爵。

一个如此自卑的人，几乎被各种各样莫名其妙的忧虑困扰的小伙子，不仅解决了自己的温饱问题，还一路挑战拼搏，成为让别人自信、让人们乐观的心理导师、哲学家、教育家、心灵之父。卡耐基究竟是怎么做到的？都归功于四个字：不畏困难。

因为卡耐基坚信能帮助我们的只有自己，只有勇敢地做自己的主人，才能赶走内心的自卑和挫折感。而让他如此笃定地坚持这样的原则，则是因为他在大学里首次获得成就感的经历。卡耐基在参加学校里的辩论赛时发现，辩论会和演说可以吸引很多人的关注，而且，优胜者的名字很有可能会广为人知，甚至成为学院里的英雄人物。他认为只有在这种时候，他才能减少内心的那种自卑和忧虑感。尽管卡耐基屡次失败，但他是有目标的，因为他清楚地知道每一次的挑战，都会让自己的胆量提升一次，自卑少一些。所以，他一直坚持挑战自己，结果他成功战胜了自己。1906年，戴尔·卡耐基以一篇演说《童年的记忆》，获得了勒伯第青年演说家奖。这是他第一次成功，这份讲稿至今还存在瓦伦斯堡州立师范学院的校志里。这次获胜，对他的一生产生了非同小可的影响。

也正是从那个时候，卡耐基开始找到了一个实现自我的崭新的目标，将自己的励志经历和经验传递给更多和他一样的人。

让自己拥有"乐观、易于与人交往的观念"，用积极阳光的心态前进，在自己的日常生活与社会交际中与人打交道，我们就可以重新面对自己的工作和生活，享受幸福快乐的人生。

就这样，卡耐基从一名自卑的学生到一名风靡校园的名人，再到一名真正的成功学导师，从最基本的生理需求，到更高层次的学历需求，再到最高层次的精神需求，一次又一次地刷新了自己给自己设定的目标，最终实现了自己的人生价值和梦想。

由卡耐基开创并倡导的个人成功学，不仅成为那个时代有志青年迈向成功的阶梯，直至今日卡耐基的理论及课程依然风靡全球，令众人受益。至此，外向型性格走向成功的概率会更高的风向标也愈发明显，也就出现了我前面提到的"外向理想型社会"。现在的人逐渐追求个性化发展，以关注自我内在的驱动力为主流方向，比如草根明星不断增多，每个孩子都是小童星，每个父母都有一个做星爸、星妈的梦，都是在这个风向引导下形成的社会现象。事实上，这样的外向理想型社会也不完全是对的。因为任何事情都是需要内外兼顾才会有好的结果。比如当下的确很多人因为个性化发展受益了，但也带来了大量的负面效果，如社会责任感丧失、集体荣誉感淡漠、情感不专注、离婚率飙升等。

瑞士心理学家荣格根据力比多的倾向，将性格划分为两大维度：外倾性的人其力比多活动往往倾向于外部环境，内倾性的人其力比多活动通常指向个体内部。外倾和内倾主要是指个体从哪些地方、以什么方式获得心理能量，以及个体与外部世界发生作用的程度如何，即个体的注意指向是聚焦于外部的客观世界还是内部观念世界。外倾和内倾是性格的两大态度类型，即性格对不同情景所产生的两种不同的反应方式和态度，但不代表两者有好坏之分。正如我前面所说，因为外向者在社会的运转规则中更易受益，所以我们的文化也逐渐对这两类性格类型给出了优劣、好坏的评价。

客观地说，卡耐基本人是内向的典型，他曾说过他根本不知道如何控制住自己与生俱来的忧伤感，即他的思维惯性是内倾性的。他的注意大多时候是指向内在的，但不代表他不能尝试着去关注外在。也就是说，我们如果发现了人更易受益的行事规律，弄懂社会运转的规则，也可以开始试着练习着将自己的优点优化，将缺点向着优点发展。卡耐基就是如此，卡耐基说过：

"一个人的成功只有 15% 是靠专业知识，而 85% 则要靠人际关系和为人处世的技巧。"

的确，我们人本身就是群体动物，加上中国向来是礼仪之邦，很多集体潜意识的影响，包括前面提到的外向理想型社会文化的影响，都需要我们具备很好的人际关系、沟通能力、语言加工处理的能力，因为这些会直接影响我们的自我营销能力。

语言作为人类进化过程中的产物，决定着人类社会的社会生产力和自然生产力的进一步发展和优化的效率。语言的产生使人类可以适应更复杂的社会生活，这个过程中大脑也在不断进化，它的潜在区域逐渐被开发出来，不同的区域协同合作，使人体得以完成他的生命活动。

反过来说，语言的发展和大脑结构复杂化的过程是相互作用的。那么，当下人们对外向理想型社会的青睐自然也是有道理的，因为我们通过语言可以看出一个人的大脑及智慧的发展程度。如同见字如见人一样，听到声音或演说内容便可知道一个人的思想和行事风格。因为人类语言产生及发展的过程，也是行为能力逐渐强大的过程。

这么看来，一个内倾型的人不善言辞的原因是他在这个方面的行为能力没有被发掘，并不是他做不到。假如他愿意自我突破、战胜自己，那么，这个区域的行为也会随之变化。

所以，无论是内倾性的性格还是外倾性的性格，如果我们想展现出某一个形象，就可以练习着根据不同的语境掌控自己的语调、音域等。当然，声音只是你肉体的一种行为展现，假如你认定了你是那样的人，你不仅需要掌控自己的肉体，还需要掌控你的情绪。当你可以很好地掌控自己的情绪的时候，自然也就可以掌控你的声音、声调及演说时的各种眉飞色舞的神态。此外，肉体上的那件行头也很重要。

那么，帮内向的孩子置办一套适宜的行头，尽可能多地为他提供一些可以供他练习控制自己声音、语调的环境吧。

2.3.2　向校园霸凌说"不"

1.校园霸凌现象分析

近年来，我国的校园暴力呈日益上升趋势，引起社会各界的普遍关注。如何有效地控制校园暴力，已成为全社会关注的热点问题。校园暴力产生的原因很复杂，既有学生的个人原因，也受社会环境中的不利因素影响。现在的孩子个性突出，自由观念过度，再加上父母离婚率高发，家庭结构突变趋势上升，家庭暴力和不当的家庭教育方式夹杂在一起就会诱使校园暴力频发。另外，学校教育中分数至上、道德教育欠缺或缺失及应对方案不足，也使校园暴力日益严重。社会中暴力文化泛滥、个人英雄主义影视作品诱导性教育增多等也都成了校园暴力的激发因素。

跳出这些因素旁观，其实，校园暴力事件也可以说是因为有的孩子没有守好边界，有的孩子社会生存能力弱或社交能力弱。就比如，我前面所说的离异家庭的孩子会有自卑、懦弱、胆小等特点，也有叛逆和消极的特点，这些都会引起他们的社交问题。消极叛逆容易逐渐变成施暴者，而那些自卑、懦弱、胆小的孩子，社交压力会让他们成为被施暴者。同样，在如今以分数至上的教育环境中，老师喜欢学习好的孩子，学生也会跟着喜欢学习好的同学，而那些学习不好的学生不但容易遭遇暴力，而且往往得不到老师的救助及安慰，反而被谩骂和被贴上糟糕的标签，最终，孩子越来越差，形成不可逆转的恶性循环，造成悲剧。

2.孩子应如何应对

（1）面对校园不良分子辱骂、威胁或挑衅时，千万不能逞强，要学会随机应变，表面服软，冷静想办法脱身，事后告诉家长或老师。

（2）被校园不良分子敲诈勒索或伤害后，不要默默忍受，要及时告诉家长和老师。

（3）千万不要和对方"私了"，不要一个人和不良分子见面，以免受到长期的纠缠或造成人身伤害。

（4）上学和放学时，最好和同学结伴而行，遇到危机时可以互相帮助。

3. 家长应如何应对

当自己的孩子遭遇欺凌事件的时候，大部分父母亲都会站出来捍卫自己孩子的权利。可是，这样有用吗？无论学校、警方还是家长都有一个核心的困惑：谁也不知道该从何下手，而他们的困惑来源于无法可依，无例可参。事实上，法律不改，难治其本，教育不精，难辞其咎。

伴随着社会的迅速发展，城市化进程加快，青少年儿童获取信息多元化，情感丰富，个性差异突出，导致校园霸凌事件成为常态。我国现行的《中华人民共和国未成年人保护法》是自 2013 年 1 月 1 日起施行的。该法第五十四条要求对违法犯罪的未成年人，实行教育、感化、挽救的方针，坚持教育为主、惩罚为辅的原则。对违法犯罪的未成年人，应当依法从轻、减轻或者免除处罚等规则一直沿用至今，已完全跟不上社会发展的步伐及孩子身心发展的变化。未成年犯的从轻或免除处罚原则导致青少年因犯罪成本较低而无视法律法规，青少年儿童的普法教育途径单一及课程体系单薄，导致他们对法律认知不清晰，校园欺凌事件不被重视，屡屡发生。当下独生子女偏多，父母代办包办导致孩子们社交能力降低，学校重分数、轻育人等也都是导致青少年遭受校园霸凌事件的原因。

法律无法马上更改，但是，轻分数重育人、改良普法课程途径、提升普法手段及措施却可以产生立竿见影的效果。最近，国家出台了专项治理校园欺凌事件的相关政策，开始重视校园欺凌事件。身为孩子们最亲近的人，家长理应成为他们最坚实的后盾。与孩子们建立亲密关系，重视他们的内心感受，顺应他们的原始思维，就是我们能做的最简单也是最重要的事。

首先，建立亲密关系。这听起来似乎是很简单的事情，但并不是每个家庭都能做到。亲密关系最核心的一点，便是孩子的信任。你的孩子是否信任你，是否愿意告诉你他的小秘密，是否愿意分享他在学校的经历，是否愿意告诉你他天马行空的想象？而你，是否愿意蹲下来，面带微笑，耐心地听孩子讲话，然后告诉他你的想法？我们工作忙了、累了的时候，总会不小心忽略了孩子。但没关系，孩子是可爱的，也是烂漫的，只要愿意花时间，你一定能与孩子建立亲密的关系。只有建立了亲密关系，你的孩子才会在受到伤害时跑来你身边寻求你的庇护，而不是小小年纪独自一人默默流泪承受。

其次，重视孩子的内心感受。大人懂得掩藏情绪，而孩子却什么都表现在脸上。他的喜、他的怒、他的委屈、他的泪痕，都清清楚楚地摆出来，等你发现，等你挖掘。有些孩子性格内向或者不善表达，也有很多孩子受他人影响，认为"受欺负"是一件很丢脸的事情，犹豫着要不要告诉你。如果你不重视孩子的内心感受，不去观察他的情绪状态，那么很有可能你将错过一些重要的事情。孩子有时候会故意用某种方式让父母注意到他，父母也别急着生气，你需要告诉他的是有比这个更加便捷有效的方法，就是学会精准地表达自己的需求和情绪。其实情绪就像缠毛线，一个地方打了结，整个毛线团在使用的时候都有可能不顺畅。而从另一方面来说，当你的孩子已经出现暴力或者躁狂倾向时，他往往不会隐藏，但若你不能及时发现他的变化，那么你有可能成为校园霸凌事件中施暴者的父母。无论是哪一种，都是我们不希望发生的。因此，重视孩子的内心感受，用刷手机的时间多观察孩子的行为举止、情绪状态，走近他、了解他，才能保护他在成长的道路上走得正且直。

最后，顺应原始思维的成长模式。每个孩子都有他的天然学堂，即我们所说的原始思维。而针对校园霸凌事件，我们发现很多孩子在受到欺凌时，并没有选择求助，而是选择消极应对，比如顺应施暴者的要求，扇自己巴掌。而在事后，他们也没有寻求老师和家长的帮助。这令我们感到悲哀。心理学家弗洛伊德晚年在《超越唯乐原则》一书中提出，人有两种本能，其中一种是生存本能，这与我们所提出的原始思维在一定意义上是重合的，即保护自己不受伤害。根据这个理论，在校园霸凌事件中，受欺凌的孩子的原始思维应该是壮大自己或者寻求更强大的对象的保护，比如家长和老师。但偏偏相反，很多孩子长期受到校园霸凌的压迫，而父母和老师都不知情。

原始思维成长模式被扼杀是导致孩子"甘愿"受欺凌的重要原因。一方面，在"应试"这座大山之下，老师和家长对孩子的关注更多地放在学习成绩上，面对学习以外的事情，总是不知不觉就大事化小、小事化了。孩子之间的打闹更多地被认为是孩子人际交往中的"必需品"，被欺负、被孤立被看成是成长道路上理所应当的"挫折"。当孩子告状后，没有得到应有的保护，那么他"寻求保护"的原始思维便被无形地扼杀了。另一方面，"面子"是中国父母最在意的东西之一，孩子成了家长攀比的工具。"打架""孩子在学校里被打""家长被叫到学校去了"被看成是丢脸的事情。面对孩子时，不好好安抚孩子的情绪，不问打架或被打的原因，就直接劈头盖脸一顿骂——"你怎么可以在学校里打架""我的脸都被你丢光了""不是叫你离那些学生远一点吗""打不过不会躲吗"……如此发泄丢失面子的怒火，会对孩子造成二次伤害。这样做无疑与那些打孩子的人没有任何区别。孩子听话了，不再寻求你的庇护，不再让你"操心"了，但他的原始思维成长模式被永远地打碎了一个角，你与孩子之间也永远存在了裂痕。

马斯洛需求层次理论我已经提到过很多次，人类只有在满足了低层次的需求时，才会去追求更高层次的需求。对于孩子们来说，如果连安全的需要、归属与爱的需要都满足不了，他们如何去追求自尊的需要，更不用谈自我实现的需要了。这也是为什么好多校园欺凌事件里的被虐者到后来会变成施虐者的根本原因。从这一角度来说，保护孩子的身心健康，给他们爱的避风港，是让孩子学会自尊自爱，进而追求自我实现的首要条件。

这里我特别要讲一点亲身经历。我曾受邀于一个小警察的妈妈，去杭州一所比较知名的中学开家长会，帮助孩子和老师沟通最近的情况。我的感觉是我这个一年只和这个孩子待在一起一周的课外老师对他身心健康的重视程度，远比天天陪伴他的班主任强。还有那些任课老师，总是一副看不起差生的样子，似乎因为我是替差生来说情的，连我都得看他们脸色。我作为一个公众人物的遭遇尚且如此，何况那些孩子的父母们？为了孩子的健康成长，我只是客气地跟这位班主任说了一句："我一个课外老师都能为了走进孩子内心，冒雨来到贵校，何况您是他的班主任，望此时不要过多关注他的分数，而是试着走进他的内心。或许走进他的内心后，他的分数自然而然就提高了。"

所以，控制校园暴力应该是一项涉及全社会的系统工程，需要社会各方面的共同参与，运用多种手段，实行综合管控。比如，校园暴力的家庭预防，应尽可能地和谐夫妻关系，统一教育理念。再比如，学校里要尽可能多地开展学生的普法教育、素质教育，多给孩子提供良性社交的机会，而非简单地以分数论好坏，随便给孩子贴标签。当然，校园暴力的社会预防也是关键因素，如暴力影视作品和书籍的控制、新闻媒体的暴力口径把控。总之，只有社会、家庭、学校各方面齐心协力，全社会共同参与，消除产生校园暴力的各种消极因素，校园暴力的控制工作才能取得良好的效果。

4. 低龄孩子的校园欺凌应对

我曾连续收到三起关于幼儿园孩子咬人的咨询案例，三个案例惊人的一致。这三个咬人的孩子都是幼儿园中班的孩子，而且咬人的习惯基本都是从入园开始养成的。妈妈们非常困惑，也特别迷茫，孩子到底是因为什么才会如此暴力呢？面对孩子这样的行为，究竟该如何解决？

从三个妈妈的不同描述中我察觉到几个相似点，而这些相似点恰好就是孩子施暴的重要原因之一。三个孩子的妈妈都有一个共同的习惯：打孩子的屁股，其中有一个妈妈采取了拧的方式。尽管妈妈们给我的解释是她们都是像安抚孩子一样，以闹着玩的方式拍了孩子，但当孩子尚未学会如何与人互动的时候，父母的一言一行都会成为孩子学习的模板，父母用类似于打的模式与孩子嬉戏，就会给孩子一个错误的信号，打人、拧人甚至是咬人都是与别人交流的方式，因为他们此时还没有同理心，不能感受到别的小朋友的心理，也不知道该如何与人交往，他们只会利用自己看到父母使用的工具：牙、手、脚。

然而这个途径是社会准则所不允许的，孩子却并不自知。不仅类似的嬉戏方式不该有，家长还需要以身作则，不应在孩子面前毫无顾忌地谩骂或攻击他人，夫妻间也要避免争吵、家暴。据有关部门针对青少年违法犯罪者进行的调查，其父母用打骂等专制方法进行管教的犯罪者数量占总犯罪者数量的 35%，溺爱娇惯的占 20%，放任不管的占 25% 以上，足见家庭教育与子女犯罪密切相关。所以，对孩子的教育引导方法至关重要。这三个孩子的暴力行为与其家庭教育中的暴力方法密不可分。

其实孩子打人、咬人还有一个原因，就是自身安全感不足，害怕周围的人给他们带来伤害，所以就先下手为强，把自己的全身布满小刺，任何人不准靠近（触碰自己的利益边缘），一旦靠近就会使尽浑身解数，用全身的小刺扎过去（咬人、打人）。

而这个安全感的缺失多半是因为父母在孩子 0~1 岁的抚育期未能做到专心关注和爱抚，致使孩子对周遭世界充满了恐慌和敌意。尤其是现在很多人都是在职妈妈，为了工作大多是背奶一族，表面看孩子是习惯了分离，其实是压抑了情绪。将孩子"流放"回老家则更残忍，孩子连压抑的过程都没有了，直接自认为被抛弃了。等到有机会与父母一起生活的时候，无论是父母还是孩子都会加倍珍惜，过度亲密，最终会在上幼儿园时产生分离焦虑。走进幼儿园的他们因为过度焦虑、恐慌、压力大，不知如何面对，会采取哭闹打人等方法宣泄。

从一个人健康成长的几个重要阶段来看，幼儿园的孩子刚好是建立自我意识的关键期，会特别在意他自己的东西，所有他觉得是自己的东西，他都会保护，哪怕这个东西只是他随便折的一张纸，最先看到的一只小昆虫……只要有人触碰他都认为是"侵犯"，都会去反击。

另外，这个阶段的孩子特别喜欢按照自己的想法去做某件事情，但如果有小朋友做他不喜欢的事情的时候，他就想把这件事给剔除掉，对于这个年龄段的孩子来说，剔除的方法往往就是采取暴力。

其实家长大可不必紧张和恐慌，因为孩子偶然的施暴行为都属于正常行为，算是情绪宣泄、安全感嫁接或自我保护。但如果孩子很长一段时间内都有打人的行为，就要引起关注，寻找原因，追根溯源，采取措施。

那么，当孩子展现出打人、咬人这些行为的时候，家长究竟该如何面对这些问题？怎样才能科学处理孩子、受害者和学校三方的关系呢？

首先，孩子打人的时候，家长不能以暴制暴，通过打孩子的方式去解决问题，而是要做好示范，收起面子，管好自己的情绪，听取孩子的内心感受，协助孩子冷静下来。然后冷静与受害方及学校沟通，探寻原因，有必要的话可以将孩子带离当下的环境，然后引导孩子用其他方法释放、宣泄。告诉孩子，无论遇到任何不开心都可以向大人倾诉内心情感，也可以将某些情感发泄到替代物上（比如洋娃娃和赛车等），允许孩子在合适的场合和时间大哭大叫一番，也可以让孩子通过活动转移注意力。

其次，通过同感孩子的方式，触摸孩子的内心，待孩子情绪平和后协助孩子加强自控能力。先让孩子认识到攻击行为产生的不良后果，再塑造孩子的爱心和同情心，使其设身处地体会受害者的苦痛，抑制自己不再进一步攻击别人。

最后，无论是社会还是家庭，都应尽可能地为孩子创造一个舒缓平和的氛围。孩子特别容易受周边事物的影响，父母可以在孩子的房间、儿童区域摆放温馨的家具、玩具，让孩子有充裕的玩耍时间和良好的生活氛围，孩子的攻击行为会逐渐淡化减少。

希望每一位家长在孩子受到伤害的时候，都能先蹲下来向孩子了解情况，感受他的情绪，走进他的内心，与他建立亲密关系，他才敢告诉你他的秘密。如果第一次受欺凌就能被父母及时捕捉，后续的情况就不会恶化。

2.3.3 保护自己，远离性侵害

据公益项目"女童保护"统计，2016年全年媒体公开报道的性侵儿童（14岁以下）案件433起，受害人778人（表述为多人受害但没写具体人数的，按3人计算），平均每天曝光1.21起；女童遭遇性侵人数为719人，占92.42%，男童遭遇性侵人数为59人，占比7.58%；7~14岁受害者居多，受害者年龄最小的不到2岁；农村地区曝光案件首次高于城镇；有明确表述的熟人关系的300起案件中，占比从高到低依次为师生（含辅导班等）27.33%、邻里24.33%、亲戚（含父母朋友）12%、家庭成员10%；超6成作案者为多次性侵，一人性侵多名儿童案件占14%。[①]

看到这些数据，回想起刚刚过去的"红黄蓝"幼儿园事件，作为一个母亲，我实在是痛心，既痛恨作恶的心，也心痛中国性教育的缺失。中国超过9成儿童没有上过性教育课，他们无法判定某些行为对不对，不知道该不该反抗，无法预估带来的后果，而父母有时候也不知道该如何普及这方面的知识。

关于性侵，父母可对照以下标准参考，预防远比治疗有效。

1. 性侵参考标准

（1）性侵的认定

可以认定为性侵的行为有：把孩子带到一个隐秘的地方，叫孩子脱下衣服或裤子，摸孩子的隐私部位；让孩子摸身体的隐私部位，或者让孩子看他的裸体或者隐私部位；带孩子看有很多成人裸体镜头的电影或者视频；用身体的隐私部位接触孩子身体的隐私部位；在公交车、电影院等公共场所摸孩子身体隐私部位。

① 生理方面：生殖器官（阴部、肛门、尿道）有受伤、疼痛、出血或感染症状；行走或坐卧时感到不适；处女膜破裂或两腿内侧红肿、瘀伤现象。

② 行为方面：孩子出现异于平常的情绪反应，如：恐惧、退缩、攻击等；

———————————

① 引自公安系统内部材料。

对异性或特定的成人反应异常，不是过分亲昵，就是极度害怕和逃避；极力掩藏生殖器官等身体部位。

（2）孩子遇到性侵时怎么办

① 在与他人的接触中，如果孩子判断出了是不好的接触，尽快冷静下来，然后想办法机智地离开。

② 不要激怒侵犯者，这样会给自己带来生命危险。

③ 如果被伤害，要做三件事情：立即告诉爸爸妈妈、报警、到医院检查身体情况。

④ 如果自己的力量无法与侵害者抗衡，也没有机会逃离，在万般无奈的情况下先顺从罪犯，不要以跳楼等伤害自己生命的方式来抗争，保护好自己的生命。

⑤ 尽可能留下线索（毛发、血迹、精斑、抓痕），尽可能记住侵害者特征（身体特征、着装特征）。

（3）孩子遇到性侵后怎么做

① 及时告诉父母、老师等可信任的长辈。

② 保护好证据，不要马上洗澡或清洁身体。

③ 由家人陪同到公安机关报案，再到医院检查、治疗。

2. 性教育的关键步骤和因素

（1）性教育有方向：孩子获取性知识的主要渠道是家长

根据有关调查结果显示，不论低、中、高年级，学生获取性知识的主要渠道是家长，而非老师、同学、书籍或电视等。可见家长在子女的性教育中扮演着关键角色，提高家长的性教育素养，对改善当前的小学生性教育现状至关重要。

（2）性教育分角色：母亲比父亲的作用更大

在你们家，谁开口跟孩子谈性，是爸爸还是妈妈？还是爸爸跟儿子谈，妈妈跟女儿谈？调查显示，从家庭性教育的性别差异来看，母亲比父亲起着更为重要的作用，女生比男生接受性教育的机会更多。

调查显示，在家庭里，一般是母亲进行性教育多一点，开口谈"性"也更容易一点。母亲几乎未对子女进行过性教育的比例（21.86%）低于父亲（35.36%），而认为进行性教育没什么阻碍的母亲（25.28%）所占比例又高于父亲（16.93%）。此外，母亲对子女进行过 2 项及以上性教育内容的比例（46.84%）也高于父亲（33.11%）。可见，母亲在性教育方面比父亲做得更好。

（3）性教育要全面：五管齐下，全面普及知识

总的来说，性教育包括性德育、性智育、性体育、性美育和性法制教育。性德育即性道德和性伦理的教育，让孩子懂得用道德和责任管理好自己的身体；性智育即性科学知识的教育，包括性生理和卫生常识、青春期生理发育和心理发展知识、生育知识、预防性病等知识的教育；性体育即形体健美的教育；性美育包括自然美（健康美）、语言美（不说下流话）、行为美、服饰美（符合身份与环境的服饰）等；性法制的教育包括尊重自己和他人身体隐私、预防性侵害、与性相关的法律知识教育等。

（4）性教育有技巧：父母自身对性的态度比语言更能影响孩子

家长该如何给孩子健康的性教育呢？在纠结于"怎么讲"之前，父母首先需要花时间弄明白自己"怎么想"。父母要了解孩子性心理的发展规律。当父母看到孩子的性活动时，要明白这是孩子在发展自己的性感觉。父母要懂得在尊重孩子性发展的同时，将符合社会规范的性规则告诉孩子。从道德层面谴责、辱骂孩子是性教育的大忌。

"道"想清楚后，要借助绘本、开诚布公地用"术"，在资讯丰富的今天，不难找到办法。此外，父母自身对性的态度比语言更能影响孩子，父母要传递给孩子正确的性价值观，比如尊重异性、保护隐私、热爱父母、珍惜生命。

特别要注意，父母在日常性交过程中一定要做好隐私防护措施，避免因情到深处不顾环境，给孩子造成伤害。一旦出现被孩子撞见的情况，也不要

极力掩饰，可以给孩子说明白生命的起源，也可带孩子去具有生命教育的自然博物馆查阅资料学习认识。

（5）性教育有关键：四五岁是最佳时期

运城幼儿师范高等专科学校张翔升对 20 个幼儿园的随机抽样调查发现，幼儿园中班幼儿提问中有关"性"的平均数值普遍较高，这反映出四五岁的幼儿爱提"性"问题。因此，四五岁是对幼儿进行性教育的最佳时期。

实际上，对于性教育，没必要遮遮掩掩。作为人生的必修课，适时、适当、适度的性教育能缓解孩子的好奇心，让孩子产生性别认同，学会爱，学会尊重，学会保护自己，学会如何做健康、自信、快乐的男人或女人。

我收到过好几位家长的咨询，12 岁的女儿收到情书，父亲愤怒到甚至想揍写信的男孩。其实，根据调查青少年的性意识在 10 年中不断加速提前，由原来初次手淫平均在 14 岁，到目前已经下降为 12 岁，伴随着青少年青春期的提前，家长的传统性观念已经无法跟上孩子们的步伐，当务之急是如何改变家长的性观念，减少孩子的性压抑，让孩子有科学的性意识、性行为。只有从家长自身突破正视青少年性教育问题，才能更好地预防青少年性犯罪事件的发生。

3. 孩子遭性侵，家长如何应对

如果发现孩子已经遭遇性侵，父母要做的不是遮遮掩掩、打骂孩子，而是应该维护孩子的权益。

（1）事件发生以后，爸爸妈妈第一时间要带着孩子去报警。

（2）在第一时间做皮肤和创伤的检查和处理，固定证据。

（3）消除孩子的恐惧心理。

（4）采取措施，防范孩子再次遭到性侵害。

（5）不要让孩子反复讲述被伤害的经过。

（6）做好孩子的安抚工作。

（7）不追究孩子的责任，特别是不要带着孩子上门讨说法。

（8）在生活上更加关心孩子。

（9）跟心理医生沟通，让孩子去做心理辅导。

（10）保留性侵害的一切证据，以便将犯罪分子绳之以法。

在国外，性教育是从很小时候就开始了，并且有完善的系统和法律来支持，韩国在电影《熔炉》引发社会强烈反响之后也修改了法律，而中国的性教育也应该从接受性教育课本、修改相应法律开始。

每一个孩子都是天使，他们值得我们去爱。

2.3.4　少年警校团体式人际关系训练

目标：

◇认识社会环境，探究社会问题。

◇走入社会，熟悉并遵守社会行为规范。

◇发展人际交往，适应群体住宿式环境，养成合作品质，融入集体。

◇积极参与社会实践活动，形成亲近社会的态度和热爱社会的情怀。

主题一：特别而又普通的我

【教学目标】

使每个学员对自己的心理类型有较为清晰的认识，认识到每个人的个性差异，学会尊重其他人的个性差异。考察周围的社会环境，初步形成反思、探究社会问题的习惯，自觉遵守社会行为规范，增强社会沟通能力，初步养成服务社会的意识和社会责任感。

【教学重点】

把功能类型（感觉型、直觉型、情感型、思维型）的理念既简单又有趣地传递给学员。

【课前准备】

节奏轻快的轻音乐、A4 纸（每人 1 张）、水彩笔（每组 1 盒）。

【活动步骤】

步骤 1：分组

请讲师根据自身的经验将学员进行分组（4~6 人为一组）。

步骤 2：放松状态

现在我们要进行一次身心放松之旅，请每位学员端坐在自己的座位上，闭上眼睛，跟着老师的引导语和轻松的背景音乐展开想象。

步骤 3：进行冥想

播放节奏轻快的轻音乐，引导学员回顾自己的快乐生活。

指导语：准备好了吗？好，现在深深地吸气，慢慢地呼气；再来一遍，深深地吸气，慢慢地呼气……好，春天来了，面对着鸟语花香的美丽景色，你静静地躺在草地上，心情舒适而愉快地享受春天带给你的快乐与愉悦。

一束温暖的阳光暖暖地照在你的身上，你觉得浑身都放松了，特别舒服，你紧锁的眉头舒展开了。请你仔细体会一下眉头舒展之后放松的感觉，你觉得好舒服，好轻松，你觉得额头凉丝丝的，脸上每一块肌肉都特别放松，你觉得舒服极了。

这时，你想到了你与爸爸妈妈、爷爷奶奶在一起的快乐时光……

现在你觉得浑身放松，心情舒畅，就像躺在湖面上随风飘荡的小船一样，暖风徐徐吹过你的整个身躯，还有一丝淡淡的水草的香味，你闭上眼睛，深深地陶醉于这片水波荡漾的美丽风景，心情特别愉悦！

步骤 4：画我的快乐家族

请学员们将刚才在放松练习中联想到的自己一家人在一起的快乐时光画在纸上。

步骤5：分享我的家庭故事

现在请每一个组员在组内分享自己的家庭故事，并推选出一个代表在所有人面前分享。

步骤6：心理类型初体验

（1）小组代表分享自己的家庭故事。

（2）听完他们的故事有什么感受？

引导：我们发现，每个人在分享自己的家庭故事的时候会有些不同，有同学会很细致地描述快乐的场景，有同学会富有感情地讲述有关家庭的快乐，有同学会记得在什么地方吃了什么东西、讲了什么话，有同学会在过去的家庭故事里加上未来的期望。这些不同都是因为我们每个人拥有不同的心理类型。

步骤7：介绍心理类型（11~15岁）

每个人都有两个态度倾向，一是外倾型，一是内倾型；态度倾向就像一个天平，有人倾向于外部世界，有人倾向于内部世界，那外倾型的人或是内倾型的人是怎么样的呢？

外倾型（外向型）的人，重视外在世界，爱社交、活跃、开朗、自信、勇于进取，对周围一切事物都很感兴趣，容易适应环境的变化。

内倾型（内向型）的人，重视主观世界、好沉思、善内省、常常沉浸在自我欣赏和陶醉之中，孤僻、易害羞、冷漠、寡言，较难适应环境的变化。

其实每个人都兼具外倾或内倾的态度，只是程度不同而已。

每个人用四种功能来认识世界，它们分别是感觉功能、思维功能、情感功能和直觉功能。

感觉功能：告诉我们存在某种东西。极易关注细节、观察能力强的人是因为感觉功能发达。

思维功能：告诉我们它是什么，概念性很强的人是因为思维功能强。

情感功能：告诉我们值不值得做或是否令自己快乐。

直觉功能：告诉我们它来自何方和去往哪里。我们所说的第六感强就是直觉功能强。

每个人在这四个功能上都有发展，只是每人发展的程度各不相同，由此就构成了每人独特的心理类型。我们与别人在交往的过程中时时会体验到这种不同。

【讲师总结】

每个人的心理类型不同，所以我们每个人都是不一样的人，既有擅长的东西，也有需要求助于人的地方；既会被人崇拜，也会被别人比下去。每个人都应该正确地认识到自己是特别的，又是普通的，学会尊重其他人的个性差异，做最好的自己，无须与他人相比，可以跟自己的过去和未来相比。

主题二：我对爸妈知多少

【教学目标】

了解自己与父母的关系现状，学会换位思考，积极与父母沟通。

【教学重点】

重点在于探讨与父母之间的"代沟"产生的原因，引导学员产生更多的体会与感悟。

【课前准备】

给每位学员准备一份调查问卷"我对爸妈知多少"（见步骤 3）；

《我的爸爸》PPT（见步骤 2），孩子心目中的爸爸的样子，会随着年龄变化而变化。

【活动步骤】(6~15 岁)

步骤 1：引出话题

人的一生会面临各种各样的关系，如亲子关系、朋友关系、师生关系……

有些关系会随着岁月的流逝发生变化，但亲子关系是与生俱来、终生不变的。那我们今天就来谈一谈这个话题。

我们经常会和父母吵架，闹得不欢而散，这个现象我们称之为"代沟"。那么代沟是怎么产生的呢？

步骤2：不可逾越的鸿沟

（1）讲述《珍珠和公鸡》的故事

一只公鸡发现土里埋着一颗闪闪发光的珍珠，它以为是什么好吃的东西，就把珍珠刨了出来，费力地想把它咽下去。但当公鸡发现这颗闪闪发光的珍珠并不是什么好吃的东西时，它马上就把珍珠吐了出来扔掉。这时，珍珠对公鸡说："我是一颗珍贵的珍珠，一个人想要找到一颗珍珠就像大海捞针一样难，而你怎么这么轻易就把我丢弃了呢？"公鸡说："有什么了不起啊，如果谁给我一颗谷物，我马上就拿你去交换。"

看到这个故事后，你有什么感受？

引导：你的想法与父母的想法不同，你需要的是谷物，可父母给的是"珍珠"，这就是代沟产生的原因之一。

（2）不断成长的我们，一成不变的管教方式

《我的爸爸》PPT的内容：

4岁：我爸爸无所不能。

5岁：我爸爸无所不知。

6岁：我爸爸比你爸爸聪明。

8岁：我爸爸并不是无所不知的。

10岁：我爸爸长大的那个年代跟现在非常不一样。

12岁：哦，好吧！我爸对这件事一无所知，他太老了，所以不记得他的童年了。

14岁：别太在意我爸，他是一个老古董。

21岁：他？我的天！他的陈腐实在是无药可救。

25 岁：我爸对我所知甚少，但他在我身边那么久，他应该知道。

30 岁：也许我该问问我爸是怎么想的，毕竟他经验丰富。

40 岁：我想知道我爸是怎么处理这种事情的，他如此有智慧，又拥有对整个世界的经验。

50 岁：如果爸爸还在世的话，我还能和他讨论事情，很遗憾我不能再和他交流，向他学习更多的东西了。

请学员看完之后谈一谈自己的感受。

讲师总结： 在我们小的时候，父母是权威，我们绝对服从他们的教诲；随着年龄的增长，我们要求"独立和成熟"。如果父母很难转换角色，没有意识到你的成长，那么矛盾就不可避免地产生了。这时，我们需要学会让自己站在父母的角度再看看这个分歧的关键点，试着换个角度感受一下。

步骤 3：我对爸妈知多少？

从小到大，你的故事都被父母小心翼翼地珍藏在宝盒里，他们随时都能如数家珍般娓娓道来。父母对你的了解很多，那么你对父母的了解有多少呢？让我们走进我们的父母。

问卷调查：

（1）父母的结婚纪念日是哪一天？

（2）在抚养你的过程中，父母最难忘的事是什么？

（3）爸爸最喜欢什么菜？

（4）妈妈最喜欢哪一件衣服？

（5）爸爸最擅长的运动是什么？

（6）妈妈最爱唱什么歌？

（7）爸爸最大的心愿是什么？

（8）你家的月收入有多少？

（9）家里每月最大的开销是什么？

（10）你曾经做过最让你爸妈感动的事是什么？

反思：以上 10 个问题你能回答出几个？如果你发现你对爸妈的了解很少，那么拿着问卷回去"采访"一下爸妈，相信他们一定会很乐意回答。

【讲师总结】

代沟的产生源于了解太少，沟通太少，因此需要我们积极地与父母交流、沟通，换位思考，理解父母。

主题三：爱的语言

【教学目标】

了解如何表达爱，学习爱的语言。

【课前准备】

节奏轻快的轻音乐、A4 纸（每人 1 张）、水彩笔（每组 1 盒）。

【活动步骤】

步骤 1：分组

请讲师根据自身的经验进行分组（4~6 人为一组）。

步骤 2：放松

现在我们要进行一次身心放松之旅，请每位学员端坐在自己的座位上，闭上眼睛，跟着老师的引导语和轻松的背景音乐想象。

步骤 3：进行冥想

播放节奏轻快的轻音乐，引导学员回顾父母之间、自己与父母之间是如何表达爱意的。

指导语：准备好了吗？好，现在深深地吸气，慢慢地呼气；再来一遍，深深地吸气，慢慢地呼气；再来一遍，深深地吸气，慢慢地呼气。好，春天来了，一片鸟语花香的美丽景色。你静静地躺在草地上，心情舒适而愉快地享受春天带给你的快乐与愉悦。

　　一束温暖的阳光暖暖地照在你的身上，你觉得浑身都放松了，特别舒服，你紧锁的眉头舒展开了。请你仔细体会一下眉头舒展之后放松的感觉，你觉得好轻松，你觉得额头凉丝丝的，脸上每一块肌肉都特别放松，你觉得舒服极了。

　　这时，你想到你与爸爸妈妈之间相亲相爱，你们是怎么相互表达自己的爱意呢？

　　现在你觉得浑身放松，心情舒畅，就像躺在湖面上随风飘荡的小船一样，暖风徐徐吹过你的整个身躯，还有一丝淡淡的水草的香味，你闭上眼睛，深深地陶醉于这片水波荡漾的美丽风景，心情特别愉悦！

　　步骤 4：画出爱意

　　请学员们将刚才在放松练习中联想到的自己一家人之间表达爱意的方法画在纸上。

　　步骤 5：分享爱的方法

　　现在请每一个组员在组内分享自己与爸爸妈妈表达爱意的方法，并推选出一个代表在所有人面前分享。

　　步骤 6：爱意大分享

　　引导：我们发现表达爱意的方法有很多种，有相互赞美对方，有在节日互送礼物，有相互拥抱……

　　步骤 7：介绍爱的语言

　　生活有五种爱的语言：一是肯定的话语，发现并用语言肯定对方所做的事情。二是陪伴，付出高质量的陪伴时间。三是接受礼物，送给对方想要的礼物。四是服务的行动，做令对方觉得意义重大的事。五是身体接触，比如亲吻、拥抱、握手、拍背……

　　在了解爱的语言之后，每个人对爱的语言都有偏好，那么就需要知道对方喜欢什么样的爱的语言，然后就用这种方式向对方表达爱意。

　　步骤 8：对爸妈表达爱意

（1）你知道爸妈喜欢什么样的爱的语言吗？

（2）用爸妈喜欢的爱的语言，向他们表达爱意。

（3）记下你们之间相互表达爱意的瞬间（日记、照片等）。

【讲师总结】

在活动过程中你会发现，表达爱是一件很快乐的事情，对爸妈说我爱你，帮爸妈做家务、写卡片，这样的方式不仅能够促进家庭关系的和谐，还能锻炼孩子的语言表达和动手能力。

主题四：我拥有多少资源？

【教学目标】

思考自己有多少对抗逆境的资源，通过对自己可用资源的整理，明白从挫折中反弹的力量来自于自身。

【教学重点】

本活动的目的在于协助学员了解自身所拥有的以及外在的资源与支持体系，以提高自己的抗逆力。

【课前准备】

白纸（每人1张）、马克笔（每人1支）、事先制作的"抗逆力资源圈"事例。

【活动步骤】

步骤1：请根据要求完成自己的"抗逆力资源圈"

（1）当你遇到难题和挫折时，你会利用哪些帮助（这些帮助可以是你自己本身拥有的，可以是擅长的事情，也可以是你能求助的人），以使自己迅速摆脱困境？

（2）取1张白纸，在白纸的中央画1个实心圆代表自己。

（3）以这个实心圆为中心，画3个半径不等的同心圆，代表3种资源圈，离实心圆的远近表示你利用资源的优先程度。

（4）将你可利用的资源名称写在图上，越靠近中心点，表明你在遇到挫折时越愿意向其求助，以帮助自己走出困境。

（5）写在最小的同心圆圈内的是"一级抗逆力资源"，这代表着在你遇到困境的时候，你首先想到的是向其求助，这些资源能够给你最重要的心灵支持。利用这些资源，你能够迅速地从困境中反弹，并顺利解决问题。

（6）写在第二大同心圆内的是"二级抗逆力资源"，在你遇到困境时，这些资源虽然不是你的首选，但是对于你来说仍然很重要，来自他们的支持和帮助能让你时常感到温暖。

（7）最大的同心圆内写的是"三级抗逆力资源"，这些资源平时不怎么用得到，可一旦你需要帮助，他们愿意尽力提供帮助。

（8）同心圆外的空白处代表你的"潜在抗逆力资源"。尽量搜索你的记忆系统，把那些虽然比较疏远但你仍可利用的抗逆力资源写下来。

步骤 2：思考与分享

（1）你认为你自己的抗逆力资源圈如何？

（2）你还有哪些扩展抗逆力资源的方法吗？

（3）你最能掌控的抗逆力资源是什么？

步骤 3：我的资源清单

在别人遇到困境时，如果向你求助，你能提供哪些帮助呢？将其依次列出来，并与伙伴们分享。

【讲师总结】

你的资源有多少？你该如何利用这些资源？如何保证你的资源是可再生的？这就是人与人互惠的关系。你的资源和支援清单一定是处于一种平衡状态的。

主题五：人际关系训练

【教学目标】

让所有孩子经过训练后，能够熟练掌握人际交往的技巧，可以自由掌控自己的情感及情绪，最终，实现拥有一个积极的人际关系的目标，建立一个高情商人际关系模式。

【教学重点】

在人际关系里，情商是重点，掌控自己的情绪，引导他人的情绪，如何让双方都处于一个舒服的交流氛围里，是每个人都要学习的。

（1）情商的定义：从字面上来讲，情商指的是一个人管理自己情绪和情感的技能，也可以理解为衡量一个人情绪管理能力和情感处理能力高低的一个商数。再简单点说，情商就是指我们人与人在处理相互的关系的时候，尽可能游刃有余地释放情绪，管理情感，既让人舒适，也不委屈自己，还能让社交中所涉及的事情顺利进行的能力高低的考核标准。所以，从这个角度来说，情商的第一要素也是核心要素，就是情绪管理和情感安放能力。

与他人的关系的范围：如何与他人相处，"他人"不仅包括同学，还包括家人、老师和其他的成人，以及喜爱的异性伙伴。

（2）彩色心脏原理：黑色是负向的，红色是激情的，蓝色是冷静的，黄色是客观的，紫色是情绪的，橙色是阳光的，绿色是平和的。我们不能让自己的心脏变成黑色，要保持冷静，让它处于蓝色、黄色或红色的状态，不然的话，随时可能直接变成黑色。

可以通过小故事让孩子记得更牢。

【课前准备】

无。

【活动步骤】

（1）通过情绪词汇大冒险游戏，让孩子尽量多地掌握情绪词汇。

情绪类词汇的扮演：让每个孩子自己扮演各种情感中的角色，感受情绪，表达出情绪。如，动画片中小猪佩奇的帽子掉进了水坑里，你来扮演佩奇，表达此时感受到的情绪，并叙述出来。

（2）发掘引起孩子拥有该情绪的目的或动机。

通过故事角色的扮演，捕捉到情绪以后，让孩子自问情绪的来源，让他们清楚认知的导向会影响情绪的存在或消失。

特别提醒，引导词必须涉及以下几个内容：要有准确认识自我的能力；尊重他人才能长期维持友谊；学会赞美他人，但不是拍马屁；学会公众表达的技巧；学会面对拒绝和否定（比如应对嘲笑）；学会遵守边界并坚持自己的立场；客观公正地看待自己的优点；以平和心态接受不同观点。

（3）集中精力寻找表达情绪的途径。

通过认识同一事件中的不同反应，让孩子知道人人都有情绪，但不同的人对同一种情绪的表达和应对，结果却大不一样，进而告诉孩子们，大多数人发脾气是表达情绪的一种方式，但高情商的人往往会用幽默或升华的方式化解矛盾时的痛苦局面。

注：通过视频资料，对比动物和人在针对某个事情时产生的不同行为，让孩子明白控制情绪是人区别于动物的核心要素。

（4）协助孩子树立积极健康的人际交往模式。

健康的人际交往模式的标准：在不伤害自己和他人的同时，又坚持表达自己的立场，有良好应对方式的情绪模式。

（5）"积极的人际关系"是被公认的成功的必然要素，要让孩子明白积极健康的人际关系模式的重要性。

用双手互拍游戏，让孩子明白力的作用是相互的，人际交往过程中力度的掌控方式也是影响人际关系的关键要素。如果别人跟你相处愉快，就会喜欢你，当你遇到问题时自然就会帮助你，为你提供更多的资源和机会。如果你不爱护别人，随意释放情绪，伤害了别人，别人就不会喜欢你，也就不会给你提供任何帮助，同时，还可能会为确保自己的利益团体，有意重伤你甚至是设限影响你的朋友圈。

（6）告诉孩子应对挫折抵抗和解决问题的技巧。

①客观面对会贬低个人价值的信息。

②正视失败，多角度看待事物，乐观处理。告诉孩子解决问题的步骤和方法。

③把大问题化成小问题，进而做出评估和决定。

【讲师总结】

解决问题七步骤：发现问题、分析原因、提出解决方案、选择方案、应用方案、检查结果、总结提升。

主题六：轻松交友

【教学目标】

学习与同伴愉快相处的方法，更好地维系朋友之间的情谊，提升个人魅力，做一个受欢迎的人。

【教学重点】

体验与同伴相处的方式，了解怎样才能做个受欢迎的人，以及体验受别人欢迎的快乐。

【课前准备】

1个黑色眼罩、白板。

【活动步骤】

步骤1：最受欢迎的人

（1）请学员们推选出这几日来全班最受欢迎的人，并且依次轮流说出其受欢迎的原因，讲师将原因写在白板上，比如乐观、幽默、成绩好、乐于助人、真诚待人……

（2）学员讨论总结受欢迎的人的个性特征，比如：真诚、大度、活泼开朗、乐于助人、倾听、分享……

（3）学员继续讨论不受别人欢迎的人的特点，比如虚伪、说谎、小气、自私、多嘴、粗鲁、邋遢、孤僻……

（4）学员讨论总结不受欢迎的人的个性特征，并列出前几位。

讲师总结：人们受欢迎或不受欢迎都是有原因的，我们以这些标准对比下自己，你拥有哪些受人欢迎的品质，又不幸拥有哪些不受欢迎的品质？我们可以向什么方向努力，做一个更受欢迎的人？

步骤 2：倾听的魅力

倾听是一种受欢迎的品质，学会倾听不仅是一种人际交往中的文明礼貌行为，也是表达对他人欣赏和帮助他人建立自信心的重要方式，有助于自己获得他人的信赖和赢得友谊。你是不是一个合格的倾听者呢？

（1）不合格的倾听者：先分组，两人一组。A 小组的任务是认真讲述自己的心里话，B 小组的任务是不要认真听对方讲话，甚至可以干扰对方讲话（如东张西望、梳头、扯开话题等）。

请两人分别讲述自己的感受。

引导：当你不被倾听的时候，你会感到沮丧和愤怒，觉得这个朋友愧对你的信任，你决定以后和他渐行渐远，不再与他做朋友。

（2）合格的倾听者：再次分组，两人为一组。A 小组的任务是认真讲述自己的心里话，B 小组的任务是认真听对方讲话（时刻看着对方，别人讲到开心的事时，一起开心；讲到悲伤的事时，你可以默默地拍拍对方的肩膀或手；如果对方沉默，你也跟着一起沉默）。

请人分享被倾听者的感受。

引导：许多人希望你聆听他们的故事，远甚于希望你应允他们的要求。学会倾听别人吧，这就是你的魅力。

步骤 3：猜猜我是谁

请一个自愿的学员出来蒙住眼睛，其他学员依次出来跟他握手，说一句"猜猜我是谁？"蒙眼睛的学员说出名字，助手负责记录说对和说错的数量。换另一个学员来蒙眼，对比错误率。

活动完毕，请蒙眼的学员脱眼罩看自己的成绩，并说说自己的感受。

【讲师总结】

你们有没有发现，自己对小伙伴还不是很了解？能被人了解和记住是件开心的事，关注别人，记住别人的名字，注意对方的细微变化都是在传递友好的信息，这会让你赢得良好的人际关系。

主题七：感恩

【教学目标】

对学员进行感恩意识与感恩表达能力的辅导，以期提高学员的幸福感，提高学员的总体情绪状态。

【教学重点】

讲师在课堂上要始终保持感恩的状态，留意观察学生的细微表现，发掘其中值得讲师或其他学员感恩的部分，并在不影响课程进度的情况下及时反馈。

【课前准备】

（1）多媒体播放器、笔（每人 1 支）、A4 纸（每小组 1 张）、眼罩、视频《爱的传递》。

（2）分组。

【活动步骤】

步骤 1：播放视频《爱的传递》

录制或者从影片中选取传递爱的小视频，如：微笑握手、拍肩膀、拥抱，逐层加深爱的层级，激活感恩情绪。

学员分享自己观看视频后的感受与想法。

步骤 2：头脑风暴——我感恩

讲师根据自身的经验分组，然后进行头脑风暴，让学生知道值得感恩的人、事物及可以感恩的对象，为增加、增强学员的感恩体验奠定基础。

（1）学员回忆并简单记录让自己感恩的事情，为什么要表达感谢，以及对谁表达感谢。

（2）以小组为单位，小组成员依次分享自己的"值得感恩的事物"和"感恩的对象"。

（3）每个小组派一个代表将组员的感恩事例分享给大家。

引导语：在我们的生活中，有很多值得感恩的事情，比如生命、大自然、人们彼此间的帮助和友好的感情。

步骤 3："盲行"

活动规则：

（1）两人一组，一人扮演盲人，一人扮演拐杖，拐杖为盲人带上眼罩。

（2）讲师带队，所有组合依次出发，跟随讲师的路径完成此次盲行活动。在此过程中，拐杖负责引导盲人行进方向，并保护盲人。

（3）盲行结束后，请学员完成以下思考：

我是盲人：

① "盲行"开始前，我的感受是：_____

② 当我的"拐杖"做了什么之后，我的心情发生了什么变化，"拐杖"的举动：_____

我的心情：_____

③ 我想谢谢我的"拐杖"，我会对他说：_____

我是"拐杖"：

① 在"盲行"中，我的感受是：_____

② 当"盲人"对我说了一些话后，我的感受是：_____

③ 听到"盲人"对我的感谢后，我想说：_____

（4）讲师邀请2~4组学员分享自己表达感恩与接受感恩时的心情，以及如何表达感恩会让人感到更幸福。

【讲师总结】

表达与接受感恩不仅能够让我们自己体验到幸福感，也能够增进我们与他人的关系。

课后作业：每天感恩5件事。

主题八：领导力训练

【教学目标】

利用萝卜块游戏，让孩子们感悟领导力需要具备的素养，知道思考、交流、变通对于一个团队的重要性。

【教学重点】

老师通过引导，让孩子们用萝卜块搭建建筑，进行体验式教学。

【课前准备】

教具：萝卜块若干、棉线1捆、胶带1条、牙签20根、剪刀1把。

【活动步骤】

游戏规则：

（1）分组：每组 4 人。

（2）道具：每组发放边长为 1 厘米的正方形萝卜块 1 个，棉线 1 捆，胶带 1 条，牙签 20 根，剪刀 1 把。

（3）时间：10 分钟。

（4）要求：每一组的成员利用上面提供的道具，在规定时间内搭一座塔，萝卜块必须在塔的顶部，测量塔顶到桌面的距离，最高且站得很稳的那个小组获胜。

注意遵守规则，不能投机取巧。导师每隔 2 分钟提醒一次，最后 4 分钟每隔 1 分钟提醒一次，不断制造紧张气氛。

这个游戏虽然简单，却充满了各种挑战，老师要不断制造紧张气氛，游戏中有 5 点是必须提到的：

（1）团队合作：一个团队做成一件事，一定是需要相互磨合，这就考验彼此之间的默契了。

（2）利用有限资源：牙签和时间都是有限的，牙签会不牢固，时间会流逝，在这个过程中就考验大家的资源利用效率，同时也考验大家在压力面前的心理状态。

（3）目标导向：我们最终的目标是建立一个可以承载住萝卜块重量的塔，而不单纯只是追求高度，很多人没有明确目标，导致走错了路，功亏一篑。老师的引导词需要强调孩子从小必须拥有明确的目标，并围绕目标而奋斗，这才可以不断提升领导力。

（4）建立原型：怎样的牙签搭建结构才可能承受这个萝卜块的重量？就像我们做实验，如何进行泛化？那就是必须小范围试点，所以建立一个原型非常重要。原型虽然是"最小化"的，但必须是"可行的"，就是说它是要具备基本功能、可以被使用的，然后可以获得反馈，有了反馈才能优化和完善。

（5）打破常规：到底是先画草图，还是直接行动比较迅速？在大多数试验中，富有想象力的小班孩子往往能够获得更好的成绩，他们的思维具有更强的发散性。

【讲师总结】

在这节课当中，我们能够学到很多有效解决问题的方法，先将事情做成，然后再将事情做好。走向目标的道路有很多条，要试着打破常规，坚持目标导向，围绕着核心的目标，在操作中找到最好的解决方案，并努力坚持下去。

主题九：校园霸凌的防范

【教学目标】

分辨校园霸凌的表现，知道如何保护自己，掌握正确的沟通技巧，促进校园关系的和谐。

【教学重点】

通过自我探索的方式来了解、认识自己与他人的关系，掌握正确的沟通技巧，防范和保护自己。

【课前准备】

无。

【活动步骤】

步骤1：校园霸凌

校园霸凌是指孩子们之间权力不平等的欺凌与压迫，它一直长期存在于校园中，发生这些同学间欺压的行为，包括肢体或言语的攻击、人际交往中的抗拒和排挤，也可能是性骚扰般的谈论性或对身体部位的嘲讽、评论或讥笑等语言暴力。

步骤 2：霸凌的衡量标准

一个或多个人势力不对等，有故意伤害的意图，攻击性的，重复性的，长时间的，非偶发性的，负面的，令人身心受到严重伤害。

步骤 3：霸凌的种类

（1）暴力霸凌（肉体上的欺凌行为）。

（2）言语霸凌（辱骂、嘲弄、恶意中伤）。

（3）社交霸凌（团体排挤、人际关系对立）。

（4）网络霸凌（以手机短信、电子邮件、博客、BBS 等媒介散播谣言、中伤等攻击行为）。

步骤 4：霸凌事件的特点

（1）男孩与女孩同样都会有霸凌行为。

（2）从学生的自我报告研究中发现，男孩更容易有霸凌行为。

（3）男孩大多只会被男孩霸凌，女孩会被男孩及女孩霸凌。

（4）言语霸凌是最常见的霸凌方式。

（5）男孩多用暴力霸凌，女孩多用谣言的形式进行社交霸凌。

（6）被霸凌后会产生心理障碍。

步骤 5：典型性霸凌事件的具体表现

干涉受害者的个人财产；叫受害者侮辱性绰号；粗言秽语、辱骂；指责受害者无用；物理攻击，如拳打脚踢、掌掴。

步骤 6：被霸凌者的人格特点

（1）性格内向，通常是被孤立的一方，这类人常被较为强势的学生欺负、打压。因为这类人通常没有可以为他们撑腰的靠山，而且性格怯弱，一般情况下会因害怕而隐忍，接受被霸凌。

（2）特立独行的人，喜欢表现自己，性格张扬。这类人通常不会在乎其他人的感受，一味地表现自己。

（3）逆霸凌

这类人遭受霸凌主要是因为他们曾经是霸凌的施行方，对方为了寻仇、讨回公道而实行报复。

步骤7：霸凌事件带来的负面影响

（1）身体影响：造成不同程度的轻重伤，永久性的后遗症、伤残甚至死亡。

（2）心理影响：恐惧、消沉抑郁、忧虑、厌食。

（3）行为影响：吸毒、酗酒、自残、自杀、厌学、逃学、成为欺凌者、反社会行动。

步骤8：二度伤害

（1）逆二度伤害：当校方、师长、同学等处理者在获悉霸凌事件后，因考量个人升迁、名誉、自身安全等因素，不予处理。

（2）拒认霸凌：以各种理由（如受害者自我防卫行为）将霸凌行为解释为打架事件。以无旁观者为由，拒绝承认事件发生。

（3）隐瞒事实：隐瞒事件，修改事件记录，使其严重性降低。降低对霸凌者应有的处分，却处分没有犯错的受害者。

步骤9：霸凌事件的类型

（1）主动型：霸道、冲动，倾向于使用暴力欺压他人，自认为是老大。以自我为中心，缺少同理心。

（2）被动型：看见欺凌者暴力行为得逞，趁机自保，协助及附和欺凌者。看见欺凌者欺凌同学后，则嘲笑受害者。

步骤10：设立边界，处理好人与人的关系

设定边界：正确认识道德，准确定位人生观念，防范违法犯罪。

步骤11：沟通技巧——ORID（焦点呈现法，Focused Conversation Method）

ORID 沟通法

问题深度		
客观问题 （Objective Level）	1. 获取资料； 2. 了解事实信息。	1. 这个问题你是怎么看的？ 2. 刚才发生了什么？ ……
感受层面 （Reflective Level）	1. 了解对方感受； 2. 鼓励他们自由地表达 情绪。	1. 这件事情上，什么让你觉得有点气馁？ 2. 这件事你自己有什么感觉？ 3. 你的渴求没有被满足，你有什么感受？
思考层面 （Interpretive Level）	1. 识别事件的重要性和 意义； 2. 为对方说明这件事的 潜在意义。	1. 它的价值如何？你认为应该怎么样？ 2. 你认为他怎么看这件事？ 3. 你想得到什么？ 4. 如果他满足你这个期待，你会觉得如何， 对你有什么意义？
行动层面 （Decisional Level）	1. 做决定； 2. 设计一个行动方案； 3. 计划下一步。	1. 你认为谁该负责任？ 2. 你想不想继续这个感受，有没有其他 选择？ 3. 有了这个觉察，你有什么打算？

【讲师总结】

认真回顾一下校园霸凌带给我们的伤害，我们应该如何捍卫自己的权利，履行自己的义务，不做霸凌人，也不做被霸凌的人。

主题十：对坏人说"不"

【教学目标】

让幼儿园的小朋友明确自己的性别，认识自己的身体，学会保护自己的隐私部位。这个阶段小朋友的性教育将直接影响孩子们的性格发展及职业规划。

【教学重点】

小朋友年龄偏低，认知尚不完善，辨识能力欠缺，需要借助于道具，便于他们理解记忆。

【课前准备】

教学卡片、PPT。

【活动步骤】

引导语1：

宝贝们上午好，今天我们上的课是关于安全的，我想问你们一个问题，你们知道什么是安全吗？你们觉得自己安不安全？

引导语2：

那你们觉得自己身边有坏人吗？

（播放动画片《喜洋洋与灰太狼》片段，让孩子们认识坏人与好人表面上是没有差别的，实际上有明确的评判准则。）

引导语3：

坏人真的像大灰狼一样牙齿长长、眼睛红红的吗？那可不一定哦，坏人和你、和他长得都一样，很可能是你熟悉的爷爷，也有可能是隔壁最关爱你的叔叔，甚至有可能是你最亲近的老师哦！

坏人就在我们身边？那到底谁是坏人呢？不要恐慌，听我给你们讲个故事。

（播放绘本故事《不做沉默的美羊羊》PPT。）

讲述一个故事：美羊羊被大灰狼以一起去山上玩为由骗到山上，摸了她的隐私部位，还告诉他这是两个人之间的秘密，不可以告诉任何人。向孩子提问：该不该保密？

引导语4：

宝贝们不要慌，其实想要知道一个人是好人还是坏人，有好多种方法哦，只要你保护好爸爸妈妈给我们佩戴的小盔甲，就可以保护自己了。想不想知道爸爸妈妈给我们的盔甲是什么？我这里有两个小朋友，你们谁能给他们穿上盔甲？

用小纸片剪出小男孩和女孩的身体让孩子给这两个小纸片人穿衣服，游泳衣覆盖的部分就是隐私部分。

保护隐私部位图

引导语5：

宝贝们都非常棒，能够找到自己的盔甲，我们的盔甲就是爸爸妈妈帮我们准备好的小背心、小裤衩。你们要记住了，盔甲遮住的地方就是我们的隐私部位，可以让别人看、让别人摸吗？不可以哦。这些地方只有爸爸妈妈才可以触碰哦。只要有人想摘掉你的盔甲，就可以把他当作坏人了（除了医生叔叔和阿姨，医生叔叔阿姨也是在爸爸妈妈的监护下，才可以摘掉小盔甲）。

引导语6：

你们想不想跟着老师一起抓坏人，看看什么样的游戏是坏人的游戏？那下面我们就玩几个抓坏人的游戏！宝贝们，你们准备好了吗？

游戏一：我不要脱裤子。

——脱掉裤子，叔叔就给你吃糖。

——爷爷是医生，你脱掉裤子，爷爷帮你检查一下身体吧。

引导语7：

给你糖果吃，送给你小玩具，让你脱掉小盔甲露出小屁屁的人，都是坏人！裤衩是爸爸妈妈给你的小盔甲，脱掉了会被坏人伤害的，谁脱了你的小裤衩，你都要当作最重要的事情，告诉爸爸妈妈呦！

游戏二：你为什么摸我呀？

——叔叔，你的手为什么伸进我的小裤衩摸来摸去？

——爷爷，不要用手指捅我的小屁屁。

引导语8：

只要有人用手、用任何东西碰到你小盔甲覆盖的隐私部位，他就一定是坏人啦！隐私部位只有爸爸妈妈才可以看，洗澡的时候才可以碰呦！谁把手伸进了你的小裤衩，或者用别的东西碰你，一定要作为最重大的事情，告诉爸爸妈妈呦！

游戏三：为什么非要我摸你？

——妈妈，今天有个叔叔在我面前脱得光溜溜，还让我看他嘘嘘。

——叔叔，我不要摸你尿尿的地方。

引导语9：

宝贝们，无论是谁，只要在你面前脱掉他的衣服和盔甲，光溜溜像洗澡的时候一样站在你面前，还让你摸他的隐私部位，他就是坏人啦！我们的隐私部位不许别人看，也不许别人碰。同样的道理，别人的隐私部位我们能看吗？能随便碰吗？不可以哦宝贝们。如果有人逼着你看了或者摸了他的隐私部位，也一定要当成最最重要的事情，告诉爸爸妈妈呦！

游戏四：图片里的人怎么都光溜溜呀！

——小可爱，你真漂亮，叔叔带你看绘本吧。

——啊，这个绘本里的叔叔阿姨为什么都是脱光衣服的呀？

引导语 10：

如果有人带你看了叔叔或者阿姨脱光了衣服的图片或者视频，他就一定是坏人，必须当作最重要的事情，告诉爸爸妈妈呦！

游戏五：不玩睡觉游戏

——叔叔家的床上有白雪公主，和叔叔一起玩睡觉的游戏吧！

引导语 11：

只要有人在爸爸妈妈不在的时候，叫你睡下、躺下或者搂着睡觉，这个人就有可能是坏人。小宝贝只能和爸爸妈妈一起睡觉，要是和别人睡觉了，一定要当作最重要的事情，告诉爸爸妈妈呦！

游戏六：不许说出去

——叔叔是你的好朋友，你要做个保守秘密的好孩子，千万不能告诉你妈妈。

——今天的事你跟谁都不许说，只要敢说一句话，我就杀掉你，杀掉你妈妈。

引导语 12：

凡是不让你告诉爸爸妈妈的秘密，都不是秘密，因为他们可能是坏人，坏人的秘密不需要保守！爸爸妈妈是世界上最值得信任的人，最愿意听你说话。如果是好朋友，他是不会介意你爸爸妈妈知道这个秘密的，你可以告诉爸爸妈妈，一起为他保守秘密。如果是坏人，更应该告诉爸爸妈妈，因为爸爸妈妈是永远是你最坚强的后盾，永远会守护你。

游戏七：小朋友，我没带伞，把我送回家好吗？

——我今天没带伞，你把我送回家好吗？

引导语 13：

一个年纪比你大的人如果向你求助，你可以不帮助他，因为比你强的人都搞不定的事情，你也搞不定，去了或许还会有危险。

【讲师总结】

宝贝们，以上这七个游戏你们记住了吗？我希望你们都能记住这些看穿坏人的办法，都能看破坏人的游戏，认出坏人，保护好自己，健健康康地长大。

第 3 章

两种能力

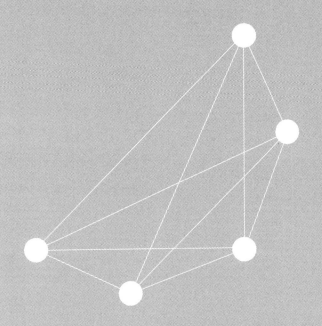

我们无时无刻不在跟社会、自然界的每一种物质已发生、发生着或将要发生各种纷繁复杂的关系。为此，我们将这些复杂的关系，按照孩子成长过程中的场景，从可能性、预防性、制约性等多个角度编纂出了一个《青少年儿童健康成长守则》。此守则不仅涉及遇到危险时或遇险后内在的心理状态变化，还涉及外在的应急逃生技巧。

《青少年儿童健康成长守则》中的要求和规则共分两大类，第一大类是自然生存技能，第二大类则是社会生存技能，这两种能力就是小人图中标识的生命的外力，是可视的。这部分家长可带着孩子一起学习。

3.1 自然生存技能

自然生存是指人在非生活环境下，最大限度地维持自己的生命力。

自然生存一般分为主动性和被动性两种。主动性是指个体主动地、有准备地去自然环境中探险；被动性是指因为一些意外原因，导致个体必须在野外环境中生存下去。无论是主动或者被动，我们都必须掌握一些最基本的生存知识和技能，保证自己少受伤害和活下去。能够在自然环境的恶劣条件下，保护自我，让自己生存下去，甚至是生存得更好所必须的技能就是自然生存能力。

3.1.1 自然生存守则

1. 团队

团队是野外生存最重要的保证，自然界所有危机都可以在团队的力量中得到缓解和处置。

2. 食物和水

食物和水是野外生存最重要的给养。自然界中有许多食物和水，关键是我们如何去利用它们。

大自然中的很多植物是有毒的，如果不是生命受到饥饿的严重威胁，不要轻易食用野外植物。对于不熟悉的植物，首先要闻一下气味，有水果气味的植物最好不要吃；然后将植物捣碎，将汁液涂在手腕内侧，10分钟内如果没有红肿和瘙痒的感觉，说明这种植物没有剧毒，可先少量食用，在咀嚼的过程中一定要慢，看是否有不良反应。

正常的人每天需要饮用大约3升水，在炎热的天气中要更多。所以在野外如何寻找可饮用的水源非常重要。利用地形高低和动物、植物线索寻找水源是最聪明的做法，当无法在短时间内获取淡水时，可以用简易的器材，比如用塑料薄膜收集地表蒸发水、植物汁液或采用最原始的海水淡化等方式解燃眉之急。

3. 野外宿营

在野外搭建帐篷是每个从事野外活动的人员必须掌握的基本技能，如果没有帐篷，可以利用树枝、胶带等建立临时庇护所。洞穴、树洞等坑状物是最好的天然庇护所。

庇护所的搭建不仅关系到个体的睡眠质量，也间接影响到体力和伤势的恢复，关系到个体在野外的安全及是否容易被救援等。

首先我们要选择一个平坦、干燥、交通方便的开阔地带，当遇到野兽、自然灾害等不可抗力时便于逃生；其次要考虑到水源等必需品的就近取用；不要在风口、悬崖下、小河边、山溪50米以外宿营。

搭建帐篷首先要进行地面清洁，避开蚁穴、石块，选择平坦的地面，四角用石头固定，如果有多顶帐篷，要错开并且保持通风，同时与营火保持一定的距离。

4. 野外生火

野外昼夜温差大，需要取暖来维持身体的温度、加热食物，否则会对身体的机能造成伤害。因此取火、搭灶、烹饪也是必备技能。

用金属敲击石块可以产生火花，利用可燃物棉花、木屑、纸巾、植物纤维等使之燃烧起来。白天可以利用凸透镜或近视镜片采集太阳光线，聚焦生火。

利用石块堆积成灶台，盒状的金属物甚至一片铅珀、一个易拉罐都可以作为炊具，利用铁丝固定在灶台上方，可以加热流质食物；如果是简易吃法，肉类可以直接用树枝、竹枝插进去在火上烧烤。

活动开始后铲开灶台的植被并放在一边，结束后覆盖回去。

在活动结束后，一定要恢复营地植被原貌，爱护自然资源。

5. 避险与救援

野外环境复杂又变幻莫测，无法预料到会有什么样的危险，即便是有丰富野外生存经验的人也不能完全保证自己的生命安全。

一根小小的木棍是野外活动中最有效的工具和自卫武器。

准备一些创可贴、纱布、碘酒、药膏等用于处理蚊虫叮咬、小伤口等状况的发生。在野外活动，尽量穿长袖、戴帽子（最好有披风），不要主动招惹蜜蜂、蛇类等，它们一般不会主动攻击人类。

当遇到自然灾害，如洪水、冰雹、地震等，利用安全可靠的工具，寻找坚固的庇护所；当遇到野兽时，要学会周旋，在敌我力量悬殊的情况下不要贸然攻击，寻找逃生出路，找武器防御，了解相关的应对方式。

当需要他人的力量才能摆脱困境时，一定要记住几种求救方式：火光信号、SOS 物体摆放、哨声、烟雾信号等。

在具备了以上生存知识外，还要有过硬的心理素质，毕竟野外生存条件艰苦，可能遇到食不果腹、摔伤甚至生命危险等各类突发事件，没有耐力和心理做支撑，很难进行下去。因此，在参加此类活动时，一定要进行相关的技能训练。

3.1.2 野外生存挑战

1. 参加社会实践活动

（1）要遵守活动纪律，听从老师或有关管理人员安排，统一行动，不要各行其是。

（2）要认真听取有关活动的注意事项，什么是必须做的，什么是可以做的，什么是不允许做的，不懂的地方要询问、了解清楚。

（3）参加劳动，使用一些劳动工具、机械、设备时，要仔细了解它们的特点、性能、操作要领，严格按照有关人员的示范，并在他们的指导下进行。

（4）不要随意触碰、拨弄活动现场的电闸、开关、按钮等，以免发生意外。

（5）注意在指定的区域内活动，不要随意四处走动、游览，防止走散或发生意外。

（6）在来回途中，要注意交通安全。

2. 郊游、野营活动

（1）要由成年人组织或由资深的户外队员带领（如老师、家长、高年级的学生），要严格遵守活动纪律，服从指挥。

（2）集体活动时最好有统一标识或穿统一服装（校服），这样目标明显，便于相互寻找，防止掉队。

（3）要准备充足的食物和饮用水。

（4）每人准备一根木棍或者竹杖，可以探路，做行走杖，甚至可以成为防范动物侵袭的最基本武器。

（5）要准备好手电筒和足够的电池，以便在夜间行路上厕所照明使用。

（6）要准备一些常用药品，如感冒药、止泻药、防中暑药和外伤药。

（7）要穿适合运动的鞋子（如运动鞋或登山鞋），不要穿皮鞋等较硬的鞋。

（8）活动中不要单独行动，应结伴而行，发生意外时可相互照应。

（9）在户外不要采摘不熟悉和不认识的蘑菇、野菜和野果，以防发生食物中毒。

3. 登山

（1）登山时要由老师或家长带领，集体行动。

（2）要选择安全的路线登山。

（3）登山前要了解好天气情况，雨天路滑时不宜登山。

（4）除了要携带食物和水外，最好携带一些急救药品，如止血消炎药、创可贴、纱布等，以便处理意外损伤。

（5）要穿比较宽松的衣服和运动鞋或登山鞋，同时要少带行李，轻装前进，以免过多消耗体力。

（6）登山时不要东张西望，更不要追逐打闹，一定要看准、走稳，不要手提背包，背包要背在身上，以便双手抓攀；严格遵守"走路不观察，观察不走路"原则。

（7）登山运动会消耗大量的热量和水分，要根据自身体能适当补充食物和水分。

（8）不要边走路边拍照，避免踏空发生危险，也不要在危险的悬崖边照相，以免发生意外。

（9）在登山过程中遇到雷雨时，不要到河边或山沟底避雨，因为这些地方可能会出现山洪，同时也不要到山顶的树下避雨，应迅速找山洞或突出的岩石躲避。

（10）紧急自救：①当发生皮肤擦伤时，应用清水（干净的溪水或泉水，使用前用纱布过滤，实在找不到再用饮用水）冲洗伤口，再在伤口涂抹碘酒，使用创可贴或纱布保护伤口。如果有出血，要用药物止血，再用纱布和绷带包扎；如果出血较快，则要加压包扎伤口（急救包扎另行教授），然后及时下山就医。②关节损伤中以脚踝扭伤最为常见。发生脚踝扭伤后要用护踝、弹力绷带固定关节以防受伤加重，可以使用冷水（河水、山泉等）冲洗损伤处，以减少毛细血管出血；处理完后尽快下山就医。

4. 在海滩上玩耍

（1）去海滩前，要把防晒霜涂抹在暴露的皮肤上，注意汗水会把防晒产品冲掉，应该每隔几小时就涂一遍防晒产品。

（2）避免在上午 11 时到下午 3 时受到日光暴晒，因为这个时段的紫外线最强，杀伤力最大。

（3）日晒使人体的水分大量蒸发，身体容易出现脱水现象，所以要喝大量的水来补充失去的水分，防止肌肤脱水。

（4）当皮肤被晒伤后，及时涂抹护肤品来防止蜕皮，修复晒伤皮肤。

（5）如果在日晒后出现疼痛、肿胀、起水泡，甚至在 12 小时内出现发烧、发冷、头昏眼花、反胃等症状，要尽快就医。

5. 野餐

（1）野餐地点要选择在平坦、干净、背风、向阳的场地，避开尘土和马路。

（2）地上要铺干净的塑料布，四周用石块压紧，防止被风掀起或蚂蚁等小昆虫爬上来，最好自备一些干净、卫生、不易变质的食物，同时注意餐具的卫生。

（3）不要随意采摘野菜、野果、蘑菇等，以防食物中毒。

（4）不要吃未熟的食品，不吃生冷食物，不喝野外的生水，以免感染细菌。

（5）餐前要洗手或用消毒纸巾擦拭双手。

（6）罐头、盒饭、饮料等不要一下子全倒出摊在外面，应吃一点取一点，将剩下的盖好，防止苍蝇、虫子爬行叮咬。

（7）不要在禁止烟火的地方起炉灶，点燃的炉灶用毕要立即将余焰用水或用土熄灭。

（8）餐后把剩余有机食品进行深埋（50厘米），若无害则就地处理，能够避免引来觅食的野兽，造成不必要伤害！

6. 食物中毒

（1）如食物吃下去的时间在两小时以内，可以使用催吐的方法，用筷子、勺子或手指按压刺激咽喉，引发呕吐，吐出有毒食物。

（2）如中毒时间超过两小时，且精神尚好，则可服用泻药，将有毒食物排出体外。

（3）催吐后，对于胃内食物较少的中毒者，可以取20克食盐，加200毫升开水，冷却后喝下，一次或数次后便可将毒素排除。

（4）如果是由于吃了变质的鱼、虾、蟹引起的食物中毒，可用鲜生姜捣碎取汁，用温水冲服，或服用绿豆汤进行解毒。

（5）如果误食了变质的饮料或防腐剂，可用鲜牛奶或其他含有蛋白质的饮料灌服。

（6）经以上急救，中毒症状没有缓解或中毒非常严重的，必须马上送医院治疗。

7. 中暑

（1）夏季要尽量减少在烈日下暴晒，外出时最好穿浅色衣服，准备好遮阳帽、伞、太阳镜等，涂上防晒霜，以减少紫外线的伤害。

（2）外出时可随身携带淡盐水或绿豆汤，以作解暑之用，还可以备一些人丹、藿香正气水之类的药品，来缓解轻度中暑引起的症状。

（3）夏季不宜剧烈运动，以防流汗过多导致中暑。

（4）室内长时间的高温且不通风也会引发中暑。

（5）一旦中暑，要迅速离开引起中暑的高温环境，选择阴凉通风的地方，把头和肩部抬高，解开衣服平卧休息，同时要及时补充水分，这不仅可以降温，还可以防止身体脱水。补水的同时也要补充体内电解质，因此最好饮用淡盐水、茶水或绿豆汤。

（6）中暑者如果休克昏迷，要尽量少搬动，应将其头部放低，脚稍抬高，并呼叫120送医。

8. 迷路

最可靠的方法是就地停止前行，等候救援。

出发之前，必须把自己的行进线路、定时联络方法告知救援人，一旦定时失去联系，就视作遇险，直接启动救援方案。

（1）迷路之后不要慌张，看看周围是否还有人，如果有可以去问路。

（2）如果看不到人，要先辨别大致方向（专题讲），找到正确的方向后再前进。

（3）仔细回忆刚才走过的路，看看是否有明显的标志物，然后凭记忆找寻原路。

（4）如果有手机信号可以拨打手机求救，如果没有信号或手机，可以大声呼救，但呼救不要过于频繁，以免弄伤喉咙。如果带了哨子，可以用哨子求救（吹国际求救信号SOS的摩尔斯码，三短三长三短，之后停几秒钟再吹）。

（5）如果发现有人呼喊你，因为在野外听到的声音其实是从很远的地方传过来的，此时要想让对方快速找到你的话，可以点燃树叶或枯枝，夜晚用手电向天空照射等方法来引起注意。

（6）如果天色已晚，又没有被人发现，要赶紧找个安全的地方露宿（搭建安全屋在别的课程中有专题介绍），要找隔水、蚊虫少、不易被野外动物袭击的地方建安全屋。

9. 被蚊虫叮咬

（1）在户外，应尽量穿长袖的衣服和长裤，并扎紧袖口和衣领，皮肤裸露在外面的部分要涂抹防蚊虫药。

（2）旅游时，尽量不要在潮湿的树阴下、草地上及水边坐卧，也不要在河边、湖边、溪边等蚊虫多的地方安营扎寨。

（3）行走的时候尽量不要在草丛中穿行，草丛是蚊虫的家，如果要穿越草丛，要先把裤腿扎好，防止蚊虫钻入。

（4）被蚊虫叮咬后，可以涂抹防虫药止痒消炎，也可以使用西瓜皮反复涂抹叮咬部位，再用清水洗净，几分钟就可以止痒、消肿。

（5）将维生素 B2 片碾碎，混合医用酒精涂抹在红肿位置，可以预防和治疗蚊虫叮咬。

10. 遭遇毒蜂

（1）在野外遇到蜂群，不要主动招惹，要注意避开，而不要去拍打。

（2）遇到蜂群一定不能乱跑，要观察周围环境，如果有遮挡物，赶紧跑过去躲起来，如果没有只能就地蹲下，人跑的速度远不及蜂群飞的速度。

（3）正面遭遇蜂群后，立即趴下或蹲下，用书包或衣物保护住手臂、头颈和面部等裸露位置。

（4）被蜂蜇后，如果刺还留在皮肤里，要用针挑出或用胶带将其粘出，不能挤压或用拔罐的方法吸出。

（5）如是被马蜂、虎头蜂、竹蜂等所伤，要用弱酸性溶液（如食醋或浓度为 0.1% 的稀盐酸）洗涤、包扎。

（6）如是被蜜蜂、泥蜂、土蜂等所伤，要用弱碱性溶液（如肥皂水或浓度 2%~3% 的碳酸氢钠水）外敷。

（7）如果条件允许，立即就医。

11. 遭遇毒蛇

蛇多数生活在阴凉潮湿的地方，通常在下雨后或洪水后出洞活动。

（1）碰到蛇时，不要惊慌，应该轻轻移动，迅速逃离，因为蛇也是怕人的，受到惊吓后一般会迅速逃跑，不会主动攻击人，只有被踩或被碰撞到才会咬人。另外蛇的视力很差，在一米以外的静止物体它就很难看到了。

（2）当被蛇追赶时，一定不要沿直线的方向逃跑，应跑 S 形路线躲避，因为蛇变换方向的速度没有人快，而且蛇的肺活量很小，爬行一段路后就体力不支了。

（3）被蛇咬伤后不要惊慌，要马上检查伤口，被无毒蛇咬伤不用特殊处理，往伤口上涂抹碘酒等消毒药就可以了；如果不能判断是否有毒，那就要按照毒蛇来处理，先在伤口靠近心脏的一端用绳子扎紧，用刀切开伤口，用手指挤压排出毒素，或用嘴吮吸毒液（嘴里不能有破损），然后吐掉毒液并漱口，再用大量清水清洗伤口，最后将伤口包好，处理好后尽快到医院治疗。

（4）如遇蛇咬，除吸毒和挤血外，也可用携带的牛奶甚至酸奶进行伤口冲洗，减轻毒素的影响。

12.遭遇野兽袭击

野兽同样惧怕人类，一般情况下不会主动攻击人，除非当它觉得受到威胁或十分饥饿时。所以在遭遇野兽时应该冷静机智应对。

（1）聘请有经验的当地人为向导，有熟悉景区情况的人带路，好处多多。

（2）通过事先对景区的调查，了解可能遭遇的野兽种类和活动范围以及生活习性，从而提前准备应对方法。

（3）尽量避免在野兽繁殖期间和食物缺乏的季节进入其活动区域，这两种情况下野兽的攻击性极强。

（4）不要携带有浓烈腥味的食物，野兽的嗅觉都很敏锐，带有腥味的食物容易将其引来。

（5）火源是需要携带的必备物品，许多野生动物都怕烟火，所以可以点燃篝火防御袭击。

（6）可以携带强光源或电击器，使用强光照射或电击野兽可以使其暂时失明或昏厥，为迅速逃离争取时间。

（7）也可以携带自卫用刀具器械，如果遭遇野兽，实在避免不了搏斗，这些器械就是有效的自卫武器。

（8）搭建营地要谨慎选择位置，尽量不要在野兽频繁活动的区域，露营时应该燃起篝火，并保持夜间营火不熄。

遇到野兽袭击时的正确应对措施：

①保持冷静。切不可惊慌，或立即逃跑，通常野兽第一次攻击是试探性的，如果表现出害怕或马上逃跑，会反遭其害。应该保持冷静与其对峙并判断其意图，同时观察好地形，寻找机会逃脱。

②等待救援。当遭遇狼和虎，可以选择爬树躲避，等待救援；而遇到熊、豹子或野猪就不要这样做了。

③用火驱赶。可以引燃柴草或点燃衣物，用火光和烟雾阻挡野兽进攻，然后寻找机会脱身。

④食物解围。如果野兽是因为饥饿才进行攻击的，可打开随身携带食物远投，引开野兽，趁机脱身。

⑤自卫反击。在没有更好选择的情况下，可利用随身携带的刀具器械进行反击，但要注意保护头颈等重要部位。

⑥小心奔跑。切不可慌不择路地乱跑，一定要看清楚前方道路，谨慎小心，防止发生滑跌，造成意外受伤。

⑦咬伤处理。确认脱离野兽攻击的危险后，及时对咬伤进行处理，清洗消毒，事后到医院注射狂犬疫苗。

13. 溺水

（1）落水后不能慌张，切勿拼命挣扎，这样既浪费体力，也更容易下沉。

（2）如果发现周围有人，要调整呼吸，大声呼救。

（3）如果没有人要实施自救，憋住气，用手捏住鼻子以免呛水，脱掉鞋子，扔掉口袋里的重物，身体保持直立，头尽量露出水面，双手做摇橹状划水，双腿在水中分别踩踏画圈，借助水的浮力保持头部露出水面呼吸，如果发现水面上有石头和浮木等，要尽量靠近后抓住，以防被水冲走。

（4）如发现别人落水，不要急着下水救人，小朋友无论自己多会游泳，都不能下水救人，可以看看周围有没有木板或树枝等，利用它们实施救援，如果没有发现有施救物，那要赶紧去找大人来救援。

14. 被植物缠身

（1）当落水后，不幸被水草缠住或陷入淤泥，首先要保持冷静，不要踩水或手脚乱动，这样会越缠越紧，或者在淤泥里越陷越深。

（2）可以将身体平卧在水面上，并将两腿分开，慢慢地用手将水草从腿上往下捋，就像脱袜子一样。

（3）摆脱水草后，轻轻踢腿，慢慢游出水草丛生的地方。

（4）实在无法摆脱时，要及时呼救。

15. 陷入沼泽

（1）一旦陷入沼泽，如果附近有人，应躺着不动，及时呼叫请求帮忙。

（2）千万不要胡乱挣扎，脚不要使劲往外拔，否则会越陷越深，应将身体向后仰，轻轻倒下，并张开双臂，尽量将身体与泥潭的接触面积扩大，分散体重。

（3）小心移动到安全地带，移动身体时要小心谨慎，每动一下都要让泥充分流到四肢下面，以免泥流之间产生空隙，身体被吸进深处。

（4）疲倦时，可以保持仰泳姿势休息片刻，然后坚持慢速平稳移动，直至脱离危险。

（5）一定不要单脚站立，这样会加快下陷速度，如果有脚已经开始往下陷，则要慢慢躺下，并将脚轻轻地拔出来。

（6）当发现别人陷入沼泽中时，不要跑过去拉陷入者，先要确保自己的安全，然后找绳子或木棒等，让陷入者躺下，用绳子绑住自己然后慢慢拉，或者让陷入者躺下抓住树枝，再慢慢往安全地带拉。

除以上课程外，少年警校还设有其他野外生存训练课程。

3.2 社会生存技能

社会生存是指人在日常生活环境中掌握的最基本的生存技能，既能保证我们和周围环境保持紧密的连接，又可以安全、舒适地独享生活空间，实现自主目标。而社会生存技能，就是实现这个目标的过程中所掌握的各项技能。

由于科技的迅猛发展和智能时代的到来，人们的日常生活中少不了要借助科技来实现自己的出行、游乐，如何规避危险，就成了我们需要学习的重要内容。

3.2.1 交通工具篇

1. 骑自行车

（1）骑自行车前要做好检查工作，看车胎是否有气，刹车是否有效，车铃是否正常，以防发生意外。

（2）要在非机动车道上骑车，在混行车道上则要靠右行驶，千万不要逆行。

（3）不要手持东西（如手机、雨伞等）骑车，骑车不要载过重的东西，也不要放开双手，更不能骑车带人。

（4）骑车时不要攀扶机动车，也不要紧随在机动车后面。

（5）不要多人并排前行，不要相互攀扶，相互追逐，更不要赛车。

（6）经过交叉路口时，要减速慢行，注意过往行人和车辆，不要闯红灯，拐弯时不要靠车辆太近（特别是大型车辆），也不要和机动车抢行，让机动车先行。

（7）在超越前方自行车时，不要与其靠得太近，速度不要过快，不要妨碍被超车辆的正常行驶。

（8）过较大陡坡时应推车行走，雨雪雾等天气要减速慢行。

注明： 此课为少年警校交警课的内容，也是日常交通行为规范的必修课，父母在日常行为当中不仅要做好示范，还要从小就讲清楚以上规则，防微杜渐，将危险扼杀在摇篮里。交警在上此课时，需要配受伤害资料、动画类模拟场景、现场实操演习测评。

2. 乘地铁

（1）不要携带易燃易爆等危险物品进入地铁，并自觉接受安全检查。

（2）在没有安全屏蔽门的站台，一定要站在安全线外等车，切勿在站台边缘与安全线之间行走、坐卧、放置物品。

（3）出入站台或上下车时，不要拥挤，要按秩序先下后上。

（4）上下车时要小心列车与站台之间的缝隙，小心屏蔽门的玻璃，当屏蔽门指示灯闪烁时不要上车。

（5）在车门关闭过程中，一定不要扒门强行上下车。

（6）在列车上站立时应紧握扶手，不要倚靠车门，否则可能因车门开关造成人身伤害，也可能使车门因受力过大发生故障。

（7）不要在非紧急状态下动用紧急或安全装置。

（8）不要在站台和列车上追逐打闹，以免发生危险。

（9）严禁跳下站台，严禁进入轨道、隧道和有警示标志的区域。

注明： 此课孩子们在日常行为规范中已经有过体验和感受，基本上坐过地铁的孩子都有经验，但针对落后地区没有直接接触过地铁的孩子，如果不提前知晓这一场景的安全规则，是非常危险的。少年警校将此课做成了手工课，让孩子们分组完成一个工程，用纸片、纸屑和画笔勾勒出以上场景，并用黄色警示笔标清，巩固安全守则。老师在授课时必须做到回顾、回忆、提问、安全知识竞答及各小组搭建有无遗漏场景的测评。

3. 乘火车

（1）在站台上候车要站在站台一侧安全线内，以免被列车卷下站台，发生危险。

（2）不要携带易燃易爆品上车。

（3）不要在车厢内乱跑，也不要在车门和车厢接缝处逗留，以免发生夹伤、扭伤和卡伤等事故。

（4）列车行进中不要把头、手、胳膊伸出窗外，以免被沿线信号设备等刮伤。

（5）不要向车窗外扔废弃物，以免污染环境，砸伤铁路工人和路边行人。

（6）在火车上喝热饮的时候要特别小心，火车晃动会使热水泼出，引起烫伤。

（7）在火车上吃东西要注意饮食卫生，不要吃得过饱，以免增加肠胃负担，引起肠胃不适。

（8）不要吃陌生人给的食物，不要随便跟随陌生人在中途下车。

（9）火车每到一站中途休息时，如果到站台上活动或购买食物，要注意列车的发车信号，不要因为跑太远而误车。

注明：理论与实践相结合，老师需结合动画视频，将规则讲述给孩子们。根据基地火车轨道安排，模拟火车站场景，抽调两至二个陌生人做卧底，测试孩子是否随便接受陌生人的食物。测评他们是否按照前面老师讲的内容实施，了解没有实施时的心情感受和想法。

4. 乘公交车

（1）不要在机动车道上等候车辆。

（2）要按秩序排队，待车停稳后先下后上，不要争抢，以免发生冲撞。

（3）不要携带易燃易爆物品乘车，以免发生危险。

（4）乘车时要坐稳扶好，没有座位时，应该握住扶手、栏杆或座椅，以免紧急刹车时发生意外。

（5）乘车时不要和同学们嬉笑打闹，这样不仅影响他人，也很危险。

（6）不要把头、手或其他身体部位伸出窗外，以免和对面来车或树木发生刮擦。

（7）不要乱动、玩耍公交车上的安全锤和消防器材，以免伤人伤己。

（8）不要向车窗外乱丢杂物，以免伤到他人。

（9）如果错过公交车，不要在后面追赶，要耐心等待下一辆。

（10）公交车进站时不要为了先上车而跟车跑，这时容易跌倒或被行驶中的公交车碰到。

（11）下车时要带好自己的随身物品，等车停稳后按顺序下车。

（12）下车前要看清左右是否有通行的车辆，不要急冲猛跑，以免被两边的车辆撞到。

5. 乘出租车

（1）不要搭乘无牌无照的出租车（黑车）。

（2）站在出租车停靠处或可以停车的马路边等安全的地方打车，不要在十字路口或马路中间招手示意。

（3）要等车停稳后从车辆的右门上车，坐稳后关紧车门。

（4）要系好安全带，不要将身体的任何部位伸出车外，以免被过往车辆碰到。

（5）容易晕车的人，最好面向前方，双目远眺，不要低头看书或玩手机。

（6）上车时最好记住车牌号，下车时带好随身携带的物品，并向司机索要发票，以便有事情能取得联络。

（7）下车前要通过观后镜看清后面有无行人或车辆，确保安全再开门下车。

（8）当汽车在高速行驶中紧急刹车时，一定要抓住车内牢固的物体趴下或蹲下，以免撞伤。

6. 乘飞机

（1）在飞机起飞、下降着陆及空中穿越云层或遇气流时，一定要系好安全带，以防飞机颠簸、抖动、侧斜导致碰撞受伤或发生其他意外。

（2）不要在机舱内随意走动，不要随意玩弄机舱内安全救护设备。

（3）乘飞机前不要吃得过饱，不要进食大量油腻或高蛋白的食品及容易产生气体的食物，以免在行程中腹胀、腹泻及晕机；也不可以处于饥饿状态上飞机，因为飞行时，高空气温及气压的变化使人体需要消耗较多的热量，胃中空虚容易恶心。

（4）在飞机起飞或降落时，如耳朵感觉不适，可张开嘴或咀嚼口香糖来减轻不适感。

（5）要认真听机组人员讲解救生衣等设施的使用方法，并学会使用。

（6）一旦飞机出现故障，要保持镇静，听从机组人员统一指挥。

7. 乘轮船或游艇

（1）不要携带烟花等易燃易爆物上船。

（2）不要乘坐超载船只。

（3）不要把身体探出船身外，不要在船头等不安全的地方逗留，以免失足掉入水中。

（4）不要在船上来回跑动或打闹，以免颠簸摔伤。

（5）如果晕船，可以事先服用一些防晕药品，一旦晕船，要回船舱休息。

（6）遇大雨、大风或大雾等恶劣天气时不要乘船。

8. 乘缆车

（1）乘坐缆车时一定要听从工作人员指挥，不要出现超载的现象。

（2）在缆车上不要随意晃动或者从座位上站起来。

（3）在缆车运行过程中，千万不要将车门打开，也不能将身体的任何部位探出车厢外。

（4）遇到恶劣天气，不要乘坐缆车。

（5）下缆车时，一定要等缆车停稳，不要着急下去，以免发生推搡事故。

3.2.2　运动篇

1. 游泳

（1）未成年人游泳必须由大人陪同，要选择正规的游泳场地，不要和同学结伴到野外游泳。

（2）千万不要到水况不明的池塘、水库、河道游泳，这种地方的水没有经过净化处理，很不卫生，水中还可能有蛇、毒虫、玻璃、水草等，容易受伤或遇险，另外水库和河道的水很深，容易造成溺水。

（3）游泳前一定要把身体活动开，避免下水时因腿脚抽筋造成溺水。

（4）游泳时要注意不要透支体力，感到累了或不舒服，就要上岸休息。

（5）参加体力劳动或剧烈运动后，不能立即跳进水中游泳，尤其是在全身大汗时不能下水，容易引起抽筋和感冒。

（6）紧急自救：①水中抽筋：保持镇定，切勿慌张呛水，要大声呼救；必要时要学会自救，吸一口气，全身放松，使身体仰浮在水上，慢慢滑动双手向岸边靠。②溺水：溺水时要憋住气，用手捏住鼻子避免呛水，甩掉鞋子和口袋里的重物，边拍水边呼救；当有人来救援时，自己要放松，不要紧紧抱住对方。

2. 跳绳

（1）要选择长度适中的绳子，否则容易因动作不协调而被绊倒。

（2）绳子的软硬要有所选择，初学者通常用硬绳，熟练后改为软绳。

（3）跳绳时要穿合适、有弹性的运动鞋，以便减轻跳绳时的撞击力，避免脚踝受伤。

（4）跳绳的地点要选在软硬适中的地上或地板上，不宜在不平整或有杂物的地上跳。

（5）跳绳前要做热身运动，以便让肌肉能充分地接受更高强度的运动。

（6）跳绳时要掌握正确的姿势，眼睛向前看，腰背挺直，有节奏地跳。

落地时要用前脚掌着地，以减轻膝盖受到的压力。

（7）要注意呼吸的协调性，当感到呼吸困难或疲惫时，要立即停下。

（8）跳绳后要做伸展运动，可以用散步的方式让身体放松。

3. 玩轮滑

（1）轮滑之前要热身，并带好护具。

（2）练习时要做好手脚搭配动作，保持好身体的平衡，并注意将轮子调整好，使其运转自如。

（3）要选择安全的场地，不要在过往行人很多的地方玩轮滑，坑洼不平、有斜坡和积水的地方也不适合。

（4）初学者要在倾斜度较小的地面上滑行。

（5）由于轮滑时腰部、膝关节、脚踝要用力支撑身体，时间过长容易导致局部负担过重，严重的会影响骨骼发育，所以每次玩轮滑时间不宜过长，最好不要超过一个小时。

4. 打篮球

（1）打篮球前要做好充分的热身准备，要配备好篮球鞋、护膝等保护装备。

（2）不要佩戴眼镜，打球时有肢体碰撞，可能会将镜片撞碎，碎片进入眼睛会造成伤害。

（3）身上不要佩戴饰物，也不要放一些锋利的文具，以防摔倒或争抢球时伤人伤己。

（4）要尽量避免大幅度的犯规动作，注意保护自己，避免手指、手腕和其他关节部位扭伤。

（5）夏季打球要注意补充身体流失的水分和矿物质，高温湿热天气要注意防止中暑、抽筋和虚脱。

（6）要合理安排运动量，每次要根据身体状态控制运动时间，不宜长时间打球。

（7）一旦出现手指挫伤或者手腕、脚踝扭伤，要进行冰敷，这样可以有效减少皮下毛细血管出血，在受伤 24 小时后再进行热敷，散血祛瘀。如果发现异常肿胀，疼痛难忍无法触碰，要立即就医，因为很可能已经发生了骨折。

5. 踢足球

（1）选择正规的足球场，不要在马路边踢球，马路上过往车辆多，容易发生交通事故，也不要在有坑洼或砂石的地方踢球，以免造成关节扭伤。

（2）踢球时要尽量穿透气吸汗、宽松的衣服和舒适的足球鞋。

（3）不要佩戴眼镜，摔碎的镜片容易伤害眼睛。

（4）不要戴首饰或其他尖锐锋利的物品，以防伤人伤己。

（5）踢球抢球的同时，要注意保护好自己和他人，也要注意不要踩在球上，这样很容易造成下肢关节损伤。在落地摔倒时，手臂着地要注意缓冲，可以做侧翻滚或前后翻滚，不能硬撑住身体，这样很容易造成手臂骨折。

（6）要合理安排运动量，每次运动时间根据个人承受力而定，不能长时间运动。

（7）夏季打球要注意补充身体流失的水分和矿物质，高温湿热时要注意防止中暑、抽筋和虚脱。

（8）雨天尽量不要踢球，因为此时地滑，容易摔伤。

6. 放风筝

（1）放风筝要选择宽敞和非交通道路或空旷之处，如操场、广场、公园等，确保放飞安全。

（2）不要在公路或铁路两侧放风筝，路上人来人往，容易发生事故。

（3）不要在楼顶或大桥上放风筝，以防后退时跌落。

（4）不要在河边、井边、池塘或堤坝边放风筝，以免失足落水，也不要因风筝落水而冒险去拾取。

（5）不要在有高压线的地方放风筝，防止因风筝与电线接触而发生事故。

（6）尽量保持风筝的干燥，如果挂在电线上，不要贸然去取，以防触电。

（7）放风筝时要注意避免太阳光反射对眼睛造成伤害。

（8）风筝断线追寻时要注意安全，放飞失控时要防止被拉倒或滑倒。

（9）雷雨天不要放风筝，如碰到阵雨，应立即收回风筝后避雨。

3.2.3 游园篇

1. 玩游乐项目

（1）要严格遵守游乐项目的游玩规则，乘用各种游乐设备时都要按规定配用安全装置和用具，如安全带、安全压杠、安全门等，一定不要乘坐缺少安全装置的游乐设施。

（2）游乐设备如果是湿的，最好不要玩，因为潮湿的表面会让这些设备变滑，容易发生危险。

（3）不要携带棍棒等危险物品，不要穿带细绳或腰带系绳的衣服；棍棒易伤人伤己，细绳、背包带、项链谷易挂在器械上，会造成伤害甚至危及生命。

（4）在游乐设备运行过程中，头、手等身体部位不要探伸到设备外，也不要抛丢物品，以免伤人伤己，发生危险。

（5）在游乐设备运行过程中，千万不要解除安全防护装置或跳离设备，一定要等游乐项目结束且设备停稳后，再解除防护，离开设备。

（6）在游乐设备上不要打闹，不要做危险动作。

（7）万一游乐场设备里发生火灾，可用手头的衣物或者手帕、餐巾纸捂住口鼻，并拍打舱门呼救，等待救援。

（8）如果游乐设备在运行中突然停机，不要惊慌，可待在原位等待救援。

（9）乘用水上游乐设备时，不要离开设备下水嬉闹。

（10）在玩射击类游戏时，不要将身体靠近枪口，以免造成受伤。

（11）要远离正在工作中的游乐设备。

（12）患病或身体不适时，不要勉强参加游乐活动。

（13）不要被迫参加过于刺激、惊险的游乐活动。

2. 观赏动物

（1）要遵守公园和动物园的各项规定，尤其要注意园内警示牌的提示。

（2）不要随意往动物身上丢扔石头、碎玻璃等杂物，以免伤害或刺激到动物，逼它们因自卫而伤人。

（3）不要擅自向动物投喂食物，这可能会让动物生病。

（4）切勿将手伸入笼舍或者翻越围护栏接触、逗打动物，以免被动物咬伤。

（5）观看狮子、老虎、豹子等猛兽时，要保持一定距离，不要靠近围笼或手抓围笼，以免被抓伤。

（6）一旦被动物咬伤，应该及时就医，注射狂犬疫苗。

（7）发生其他危险时，不要惊慌，要听从工作人员安排。

3. 划船或乘船

（1）千万不要和小伙伴私自跑去划船，即使有大人陪伴，也要格外小心。

（2）划船或乘船时，一定要穿好救生衣，万一掉到水里，救生衣可以使你漂浮在水面上，等救生员来营救；没有配备救生衣的游船一定不要乘坐。

（3）船超载、超重时一定不要乘坐。

（4）应尽量坐在船的中心部位，不要俯下身用手戏水，不要在船舷边洗手、洗脚，也不要在船上做其他危险动作。

（5）不要和小伙伴在船上嬉戏打闹或者来回走动、跑动，以免小船掀翻或下沉。

（6）不要和小伙伴在船上争抢船桨，也不要与其他船只太靠近，以免船只相撞，发生意外。

4. 过桥

（1）最好不要独自走没有护栏的桥。

（2）过桥时最好走在桥中间，要注意看路，不要东张西望，也不要在桥上打闹或故意摇晃。

（3）很多拱形桥上有石阶，要一步一个台阶，不要大踏步，以免踩空，也不要打闹、跑动，以免摔倒。

（4）不要爬桥上的护栏，以防从桥上跌落。

（5）有些景区会有铁索桥，走的时候要注意安全，抓稳后再行走，不要在上面故意摇晃和打闹。

5. 荡秋千

（1）要坐在秋千的中央，不要站着或者跪着。

（2）双手一定要抓牢秋千的绳索，不要做危险动作（如双放手）。

（3）要等秋千停下后才能从秋千上下来。

（4）不要在摆动的秋千周围活动，小心被秋千撞到。

（5）荡秋千的时候不要逞强，摆动幅度过大或被晃得太高，容易摔落到地面，造成受伤。

3.2.4 道路篇

1. 行走

（1）在道路上行走，要走人行道，没有人行道的，要靠马路右边行走。

（2）集体行进时，最好有组织、有秩序地列队行走。

（3）结伴行路时，不要相互追逐、打闹、嬉戏，横排不要超过 2 人。

（4）行走时要注意力集中，不要东张西望，不要边走边看书报、打电话或做其他事情，也不能闭眼或听音乐。

（5）行走时要注意观察周围和路面的情况，夜晚路黑或路灯光线不足时要加倍小心。

（6）行走时不要过于接近路边停放的车辆，以防它突然启动或打开车门。

（7）不要在道路上扒车、追车、强行拦车，以免发生意外。

2. 过马路

（1）穿越马路必须走人行横道。

（2）通过有交通信号灯控制的人行横道时，要看清信号灯的指示，绿灯亮时可通过，绿灯闪烁时，不准进入人行横道，但已经进入的可以继续通过，红灯亮时，需在人行横道外等候绿灯亮起。

（3）通过没有交通信号灯的人行横道，要注意左右的来往车辆，在确认没有机动车通过时才可以穿越马路，一旦不慎走到马路中间，前后都有车辆时，千万不可乱动，站在原地，等车流过去再走。

（4）切忌过马路时犹豫不决，停停走走，在路中间又回头。

（5）有人行过街天桥或地下通道的，须走人行天桥或地下道。

（6）不要翻越马路边和路中间的护栏、隔离栏、隔离墩等隔离设施。

（7）不要突然横穿马路，特别是马路对面有熟人、朋友呼唤，或者自己要乘坐的公共汽车快要进站时，千万不能贸然行事，以免发生意外。

3. 过铁路岔道口

（1）经过有人看管的铁路道口时，要服从铁路工作人员的指挥或遵守信号灯规定，红灯停、绿灯行，不能强行通过。

（2）经过无人看管的铁路口时，不可以在铁路上逗留、玩耍、坐卧，以免有火车通过，发生危险。

（3）过铁道时要注意来往的火车，当护栏落下来时应该立即止步，绝不可钻护栏。

4. 遇到精神异常者

（1）遇到精神异常者，应尽快远离、躲避，不要围观。

（2）保持冷静，不要对其进行挑逗、戏弄和言语侮辱，以免因刺激到对方而受伤害。

（3）当精神异常者对你发出攻击行为时，最好迅速逃离，逃离不及，可以利用身边的物品积极防御，并争取时间和机会求助和报警。

5. 被人跟踪或抢劫

（1）当发现有人跟踪你时，千万不要惊慌，要朝人多的地方走，如繁华热闹的街道、商场，甩掉尾随者或者向保安求助。

（2）如果附近有公安局、派出所、巡逻民警或指挥交通的交警，就赶紧向警察求救。

（3）千万不要往小巷子或死胡同里跑，一旦被歹徒堵住，要大声呼救。

（4）如果遇到抢劫，可以将钱包或财物往远离自己的地方扔，趁劫匪去捡的时候伺机逃跑。

6. 遭遇绑架

（1）不要轻信陌生人的话，不要随便跟陌生人走。

（2）遭遇歹徒绑架时，要用力挣扎，大声喊叫，引起周围人的注意。

（3）无法挣脱时要镇静下来，仔细观察，记住绑架人的体貌特征、性别、年龄、口音，以及路过的地方和停留的地方，以便协助破案。

（4）为了便于亲人知道你的行踪，可以在被绑架的路上或停留的地方扔下你随身携带的便于识别身份的物品。

（5）如果关押你的房间里有电话，要趁坏人不备，给 110 或家里人打电话，用简短的语言告知你所处的地方。

（6）要尽量吃好、睡好，养足精神，保持最佳的身体状态，为找机会逃离做好准备。

3.2.5　商场篇

1. 乘坐自动扶梯

（1）要面向自动扶梯的运动方向，尽量站在台阶的中间，身体不要倚靠扶梯侧壁，脚须离开梯阶的边缘，以免摔倒而发生危险。

（2）不要把扶梯的扶手当滑梯玩耍。

（3）不要攀爬自动扶梯，也不要在扶梯上嬉笑打闹。

（4）乘扶梯时头、手、身体等部位不能超出扶手带，以防挤伤碰伤。

（5）不要坐在踏板、扶手或栏杆上，以防失去平衡或衣物、身体被卡住。

（6）在上下扶梯时，要稳步快速进入和离开，以免碰撞，发生危险。

（7）不要乘坐发生故障或正在维修的扶梯。

（8）紧急自救办法：①在每台扶梯的上部和下部各有一个红色的急停按钮，一旦发生意外，要第一时间按下它，紧急停止扶梯的运行。②遇到拥挤踩踏事件发生时，要重点保护好自己的头部和颈椎，可一手抱住枕部，一手护住后颈，身体屈曲，不要乱跑。③遇到扶梯倒行时，要迅速转身紧抓扶手，压低身姿保持稳定，并让周围的人与自己动作一致，等电梯运行到底部或顶部时，迅速跳离扶梯。

2. 乘坐观光电梯

（1）电梯开门时，要先看一眼电梯地面再进入，不要低头看手机等。

（2）关闭电梯门时，一定要确认手脚都处于安全区域。

（3）电梯门会定时自动关闭，不要在电梯门处逗留，以免被夹伤。

（4）不要靠在电梯门上。

（5）电梯有额定乘坐人数，当超载时，电梯会发出警报，这时后上电梯者应立即退出电梯。

（6）不要随便乱按电梯按钮或撬电梯门，以免发生危险。

（7）火灾、地震时不要乘坐电梯。

（8）当电梯发生异常或故障时，要保持镇静，可拨打电梯里的报警电话寻求帮助。

3. 通过旋转门

（1）进入旋转门时一定要保持秩序，不能拥挤，同时要选择合适的进入时机，来不及时不要强挤进去。

（2）进入旋转门后，要保持和旋转门相近的速度行走，这样才不容易被门推倒。

（3）在旋转门内行走时，不可以触摸旋转门的门边和门角，以防被夹伤。

（4）离开旋转门时要保持秩序，不可拥挤，更不能为了方便自己出去而试图推旋转门。

（5）经过旋转门时，一定要留意门边上的警示标志，以免误撞玻璃或造成其他伤害。

4. 在商场走散

（1）假如小朋友在商场和爸爸妈妈走散了，不要慌张，站在原地等待，一般爸爸妈妈会回来找你。

（2）如果附近有电话，可以打电话和爸爸妈妈联系，告诉他们你所在的位置，不要乱走动。

（3）可以向警察、商场保安等人求助，或者请商场工作人员用广播帮忙寻找。

（4）不要随便跟陌生人搭话，也不要轻易跟着陌生人走。

5. 逛超市

（1）不要在超市里奔跑打闹，以免滑倒或撞倒货架及其他顾客。

（2）不要随便抓碰高处货架上的物品，以免东西摆放不稳，掉落在头上或身上。

（3）不要触碰玻璃器皿、瓷器等易碎物品，并尽量与之保持距离。

（4）有些为促销临时搭建的货架很不安全，一旦倒塌容易伤人，应尽量远离。

（5）不要将超市推车当成玩具，推着推车横冲直撞，以免伤到自己或他人。

（6）不要拿超市的散装食品吃。

3.2.6　校园篇

1.在教室里

（1）不要乱动教室电器，使用电器或打扫教室卫生时要远离电源，防止触电。

（2）不要在教室里追逐打闹，以免磕碰受伤。

（3）不要玩耍粉笔和粉笔擦等教学用品。

（4）不要拿教室里的劳动工具打闹，不要在教室玩弹弓、刀枪等危险玩具，以免伤人。

（5）教室地板比较光滑时，要注意防止滑倒受伤。

（6）需要登高打扫卫生或取物品时，要请他人保护，防止受伤。实在太高时要请老师帮忙。

（7）不要将身体探出阳台或窗外，更不要攀爬，防止不慎坠楼。

（8）要小心开关教室的门和窗户，以免夹手。

（9）不要带打火机、火柴、烟花爆竹等进入学校，杜绝玩火。

（10）要小心使用美工刀、剪刀等锋利的工具，图钉、大头针用完后要妥善保存，以防伤及自己和他人。

2.课间活动

（1）室外空气新鲜，课间活动应当到室外去呼吸一下新鲜空气，舒展筋骨，但不要远离教室，以免来不及返回教室上课。

（2）课间活动时很多人都会走出教室活动，门口会很拥挤，要自觉有序出门。

（3）活动要适当，不要做剧烈运动，以免影响下节课的学习。

（4）及时上厕所，避免上课时憋尿。

（5）不要在走廊或人多的地方追跑打闹或打球踢球，不要做危险的游戏。

（6）上下楼梯时不要奔跑，避免踩空，更不要在楼梯上追逐。

（7）上下楼梯要靠右行走，保持距离，避免冲撞和踩踏。

3. 擦黑板

（1）擦黑板时最好用手帕捂住口鼻，不要边擦边说笑，尽量减少粉尘吸入。

（2）不要拖拖拉拉，抓紧时间把黑板擦完，避免长时间处于粉尘环境中。

（3）擦黑板前可以将黑板擦稍微用水弄湿，可以减少粉尘。

（4）站在凳子上擦黑板时，要请别的同学扶稳凳子，以免摔倒。

4. 擦玻璃

（1）不要站在叠起来的桌椅上，以免摔倒。

（2）擦高处的玻璃时，不要爬在窗台上踮脚或探出身体去擦，以免发生危险。

（3）擦高处的玻璃或室外的玻璃，切不可勉强冒险去擦，最好使用专业的擦玻璃工具，既安全又干净。

5. 使用文具

（1）要小心使用圆规、小刀等尖锐锋利的文具，使用后要存放好，不要用它们来与同学打闹，以免造成伤害。

（2）不要购买和使用有香味的荧光笔、水笔、橡皮等，这些香味含有对人体有害的成分。

（3）不要把铅笔含在嘴巴里，更不要去咬铅笔，用完铅笔、蜡笔后要洗手。

（4）不要用尺子打闹，断掉的尺子要立即扔掉，不然尺子的断口容易伤人。

（5）不要与同学用修改液、水笔、胶水等含有液体的文具玩闹，以免伤害眼睛。

6. 上体育课

（1）上课前要做好热身运动，防止运动时关节、肌肉及韧带受伤。

（2）上体育课要穿运动服和运动鞋，不要穿塑料底的鞋或皮鞋，课前要检查鞋带是否系紧。

（3）上衣、裤子口袋里不要装钥匙、小刀等坚硬锋利的物品，以免倒地时弄伤自己。

（4）不要佩戴胸针、耳环、发卡等金属或塑料等硬材质的装饰品。

（5）患有近视的同学，尽量不要佩戴眼镜上课，如果必须要戴眼镜，做动作时一定要小心；做垫子上的运动时要摘下眼镜。

（6）学习新的动作时要认真听老师讲解要领，以免因动作不规范而受伤。

（7）剧烈运动后（如跑步、打球、踢球）要做相应的放松活动，以免肌肉一直处于紧张状态而受伤。

（8）要在老师指导下使用体育场上的各种器材，不要使用已经损坏的器材。

（9）不要在别的同学做体育动作的时候去突然打断和干扰他们。

（10）患有疾病或者身体不适的同学不要强行进行剧烈的体育活动，课前可以和老师请假，处于生理期的女同学要避免大幅度的跑跳活动，也不要进行会对腹部造成压迫的运动。

（11）出现突发的疾病或意外时，要立即告诉老师。

7. **参加运动会**

（1）要遵守赛场纪律，服从现场老师的指挥和安排。

（2）没有比赛项目时不要在赛场中穿行、玩耍，要在指定的地方观看比赛，有的赛场如铅球、标枪等场地都很危险，不参加比赛的同学不要靠近。

（3）比赛前要做好准备活动，以使身体适应比赛。

（4）在等待比赛的时间里，要注意身体保暖，适当添加外衣。

（5）临赛前不要吃太饱或喝太多水，可以吃点巧克力增加热量。

（6）比赛结束后，不要立即停下休息，要做好放松活动，例如通过慢跑来使心跳恢复正常。

（7）剧烈运动后不要马上大量喝水或吃冷饮，不要马上用冷水洗澡。

8. **上美术课**

（1）不要把彩泥放入口中，不要用沾染彩泥的手指去揉搓眼睛，以防中毒或使眼睛受伤。

（2）不要把颜料涂到自己的皮肤上，也不要让颜料进入自己眼中，颜料里的化学成分对人体有害。

（3）要谨慎使用和放置剪刀、裁纸刀等尖锐锋利的工具，不要用它们和别的同学挥舞玩耍。

（4）一旦发现颜料进入眼睛，要用清水冲洗，并通知老师。

9. **上实验课**

（1）要听从老师安排，严格按照程序做实验。

（2）不要乱挪乱动实验室里摆放的物品，更不要私自把它们带出实验室。

（3）不要随意触摸和打开各种试剂，不要随意混合，也不要用舌头去舔，以防中毒。

（4）化学实验使用酒精灯时，要按照使用规定，用灯盖灭火，禁止对接点火。

（5）做生物实验时，如制作标本、解剖动物，应注意不要被刀、剪刀等工具割破手指。

（6）实验中的玻璃切片、标本等要用镊子拿放。

（7）做完实验要随手关闭电源、水源、气源，妥善处理实验遗留物品，将易燃的纸屑等杂物清理干净，消除火灾、漏电等安全隐患，并洗干净双手。

10. 上音乐课

（1）要在老师指导下使用嗓子，不要乱喊乱叫，以免伤及声带。

（2）处于变声期的同学，要避免发高音，这样不利于变音，会损伤嗓子。

（3）不要乱动音乐教室的乐器，以免损坏乐器或伤到自己。

（4）上完音乐课，如果嗓子不舒服，应多喝白开水，或者含服润喉糖。

11. 身体不舒服

（1）身体不舒服要及时告诉老师或同学，病情轻微的，可以去学校医务室查明原因并得到治疗。

（2）病情严重时，要通知家里人，去医院做全面检查和治疗。

（3）不要因为怕落下功课或者不好意思而隐瞒病情或强忍不舒服。

（4）千万不要自己乱吃药。

12. 同学得了传染病

（1）不要因为同学患病就嘲笑、歧视同学，但在发病期间要避免直接接触，以免被传染，如果要去探望，也要保持距离并戴上口罩。

（2）避免接触患者的唾液、呕吐物、粪便、血液和伤口分泌物，避免接触患者的学习用品和生活用品，以防感染。

（3）听从老师和家长的安排，做好消毒隔离工作，必要时服用和注射防传染的药物。

13. 和同学发生纠纷

（1）在校应该团结同学，不要为小事情相互争吵，一旦发生矛盾，一定要先冷静下来，彼此要勇于道歉，学会宽容、谅解。

（2）如果发生矛盾自己无法解决，应向老师求助。

（3）不要给同学起绰号，不打人、不骂人，不欺负弱小。

（4）发现同学斗殴，不要围观，要远离，以免被误伤，更不能参与打架，要向老师报告。

3.2.7　家庭篇

1. 用电

（1）学会开关家里的总电源（空开电闸），一旦遇到紧急情况，首先关闭总电源。

（2）不要用手指或其他物体去碰墙上的电源插座或接线板，防止触电。

（3）不要用湿的手或湿的布去接触电器，容易造成短路。

（4）电器使用完后要及时关闭，然后拔掉电源。

（5）家里的手机充电器不用时不要插在电源上，如果是接在接线板上的，可以直接将接线板关掉。

（6）紧急救援：①发现有人触电后，要确保自身所处位置安全，再进行求救（叫不来人那就赶紧拨打120）。②仔细查看周围，看看能不能关闭电源，再找找有没有干燥的木棒、竹竿可以将受害者与电源隔断。③当受害者脱离危险区域后，去观察受害者状况，并试试现场急救。小朋友请尽快通知大人或等待救援。

2. 使用电器

（1）手机和iPad：①手机和iPad等移动设备屏幕更小，更易造成视觉疲劳。②不要将手机长时间放在枕头边上。③不要一边充电一边使用手机或iPad。④不要长时间低头看手机或iPad，会对颈椎造成很大负担。⑤玩手机和 iPad 也不能用来作为对孩子的奖励。⑥小孩子不宜过早拥有手机和 iPad 等电子产品（儿童手机视家庭需求情况而定）。

（2）电视机（电脑）：①使用时间不宜过长；②距离不能太近；③音量不能过高；④环境光线不能过暗；⑤要坐正；⑥不边吃饭边看电视；⑦不看包含不良内容的节目；⑧打雷时不看电视，并拔掉电源插头。

（3）微波炉：①使用微波炉时要用微波炉专用器皿装盛，不能使用金属或普通的塑料器皿，否则容易发生意外。②微波炉有辐射，使用前要检查微波炉门的密封性，使用时要将门关紧，加热期间不能打开门，以防微波辐射泄漏。③密封包装的食品要拆除包装后用专用器皿才能放进微波炉，用保鲜膜包裹加热时要在薄膜上扎几个洞。

在发生火灾时，直接拨打报警电话 119，拨通电话后，应沉着、冷静，要讲明发生火灾的地点、靠近何处，什么东西着火、火势大小，是否有人被围困，有无爆炸危险物品、放射性物质等情况，还要讲清报警人姓名、单位和联系电话，并注意倾听消防队的询问，准确、简洁地给予回答；撤离时要镇定，仔细观察可退回房间自保；借助环境，险中求生；寻找自己认识的人，不要重返火场。

第 4 章

设定一个边界——法则

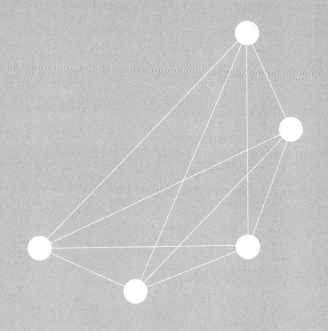

当今社会，青少年常见的心理问题主要有厌学、人际交往障碍、焦虑、适应能力差、抗挫能力差、情绪不稳定、青春期性烦恼和性困惑等，这些问题不是传统的思想品德教育能完全解决的，而心理健康教育正以其自身的优势弥补了思想品德教育的不足。

例如，"如何正确认识自己""如何适应环境""如何调控自己""如何与人交往与沟通"等问题每天都实实在在地困扰着学生，而实际情况是，我们在日常的教育中很少过问这些，而这些问题才是决定青少年心理健康教育的关键。此外，学生的个别违法违纪行为，本身就是心理品质差和心理障碍的结果，却往往会被家长和老师所忽略，误以为是孩子不争气，不求上进，并不会追根溯源，从根本上解决问题。即便个别家长意识到了问题所在，但也都是用指责的方式，给孩子们提出万般要求，很少会细心发掘孩子出现问题的原因。因此，日常教育更需要心理健康教育的补充和辅助，通过心理健康教育进一步提升日常教育和思想品德教育的目标，即孩子的边界意识的塑造。这会让日常教育的内容更贴近青少年，易被接受，促进青少年生活协调，身心健康发展。

我想起了曾经接到的一位妈妈的来电。这个妈妈非常焦虑地跟我说她遇到了一件特别虐心的事情。她在家长群里看老师发的军事类高中的一个特招公告，觉得无论是孩子的身高、体型还是心理素质及爱好特长等，都与本次的特招生要求十分符合，然而因为孩子的学习成绩在班级属于中等偏下，所以班主任老师拒绝推荐孩子报考，甚至建议他放弃，不断地给孩子泼冷水。这位妈妈认为，除了分数，孩子其他各方面都表现突出，在学校还因为积极主动帮助困难学生收到过感谢信。特招生的考试又是单独的，只要老师推荐，或许她的孩子可以取长补短，多一个选择，但如果学校拒绝推荐，孩子的梦想就彻底破灭了。于是她四处找关系，求老师，但老师的轻视让她感到恐惧。

河南濮阳地区曾发生过一起"学霸"杀人案。这个"学霸"仅因室友的期末考分数超了自己几分就将其残忍杀害。实际上，这个宿舍住着竟然是整个高三年级各班的第一名，不知道是巧合还是偶然。据了解，行凶者原本是想将宿舍所有学霸都杀害，幸好有一个人意识清醒，宿舍其他学霸才逃过一劫。

以上信息让我思考，选拔人才的标准到底是什么？如果说"德才兼备破格用，有才无德绝不录用"，那么"德"指的是什么？"才"指的又是什么？如果说才指的是高学历、高分数、高技能，那么德呢？上文这个杀人的学霸无才吗？若说他无德，同学们也并未发现他有什么不正常，这次行凶也只是因为成绩下滑，不忍父母训斥，临时起意，那么他是算有德还是算无德？

4.1 什么是边界

要研究"德"的内涵，必须先了解德的由来，追溯德字的甲骨金文形象，不难发现"德"字是由"眼""心"和"行动"组成，但从字面组成来看，可以理解为用正确的眼光看世界，用正向的心态去思考，再做出行为，才能称得上有"德"。我们也可以给"德"一个具体的解释，就是支配人的行为的内在思想和信念。

"德"的甲骨金文

"人"字由一撇一捺组成，左边是为别人着想，右边是为自己着想，而中间的灰色地带就是思想和信念，这样的思想是有边界的。有边界并为之付出行动，即志和信念。

"人之初，性本善"。人刚出生时就像一张白纸，这张白纸也可以称为一个人成长的起点，可以理解为不可更改的自然现状及规律。智慧的祖辈用一个"道"字为后人指明成长的方向。"道"字由"首""目""走"组成，指目视前方、昂首前行。他们希望后人在生活的时候可以有目标地努力争取，可以最大限度地挖掘人的潜力。而"德"就是我们在这张白纸上不断涂抹绘画形成作品的过程，每一笔画下去都是德行的表现。所以，人们常把道与德连在一起，密不可分，有道方可有德。

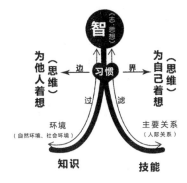

人字图

自然有自然之道，社会有社会之道，人类进步有进步之道。各道相通，形成了一个和谐的规律体系，而这个体系就是我们自社会形成以来，不断沉淀积累下来的集体行动规则，也是人类现代文明的准则。我们可以创新发展，也可以挑战人类的极限，但是却不能违背集体行为规则。否则就如逆水行舟，不进则退。德的存在就类似大海航行中的舵手，可以让我们不至于走偏。

"德"会帮助我们实现集体行为的内心认同感，也会让我们理性地认识万事万物的运行规律，还可以让我们及时调整本性以符合集体运行之道。当然，德是由内在化为外在的一个过程，属于自我约束的过程，即边界意识的塑造，包含原始思维、集体潜意识、生存技能、学业、法制伦理、道德。如果这个过程没能修炼好，集体行为准则中的他律就会登场，也就是法律。

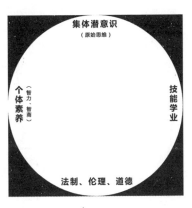

边界意识

前面提到的两个例子看似风马牛不相及，实则存在同样的原因。老师因为孩子成绩一般就剥夺他选择的机会，高才生因为分数比别人低受到训斥就将怒火转移给同学，动了杀机。当分数、成绩成为评判一个孩子是否优秀的唯一核心标准，当分数、成绩成为决定孩子命运的敲门砖的时候，家长们疯了，孩子们傻了，老师们乱了，整个社会的竞争机制被打破了，人们的道德准则也被破坏了。几十年后，支撑我们国家文明发展的人才竟是一批又一批高智商、高技能却低素养、无担当的人，这难道不是当下德育教育匮乏的恶果吗？

实际上，德的形成取决于家庭影响、成长环境影响和后天感悟。在家庭环境中，父母的素养及对人际关系的处理、父母对孩子的期望、父母的榜样作用及教养的方式等都在给孩子确立道德准则。学校是孩子们学习和生活的主要场所，他们每天大部分时间都在学校里度过，老师、同学对孩子的德育有着至关重要的影响。一旦学校的教育指导思想出现偏差，再加上少数低素养的老师的引导，很有可能会破坏孩子们正在形成的德育观念。

当人们自觉遵守道德的观念不足以维护正常的社会秩序时，国家不得不制定出一系列客观具体的行为标准，帮助大家回归应有的边界范围。当下提出的依法治国思想及将义务教育的教材中的《思想品德》改为《道德与法制》，就是顺应时代潮流的举措，也可以称为他律。

老子说过："失道而后德，失德而后仁，失仁而后义，失义而后礼。"可以理解为没有了道，德仁义礼都是空谈。再看我们当下，如果丢失了道，还在追求对后代精细化养育、品质化养育、经验式养育、科学化养育等等，岂不是本末倒置？道乃根本，能给孩子们树立这个根本的人恰恰就是我们自己。望更多父母了解生之根本，感悟生存之道，将此道传与孩子，助其修德养行，而不是一味地追求分数和才艺，把德行当作附属品，说起来重要，做起来次要，忙起来不要。

4.2 树立边界意识的关键期

关键期是指对特定技能或行为模式的发展最敏感的时期或者做准备的

时期。如果在这个时期缺少适当的环境刺激，这种行为便不会再产生。

随着各种育儿网不断增多、各种育儿知识铺天盖地地装来，父母们就像无头苍蝇一样到处取经，拿来主义、索取主义、盲从主义成风。包括我自己的专栏平台上也经常会看到，家长们拿我分析的个别案例与自己对照。客观地说，以他人之镜正自己衣冠是对的，然而如果只是增加了自己育儿的焦虑感，反而会适得其反。其实爸妈们无须焦虑，教育其实很简单，只要你在教育孩子的过程中把控好一个方形和一个圆形的大目标，就不会偏差太远。教育就是在画方和圆。

很多爸妈认为教育就是帮孩子铺好路，创造优越舒适的环境，规划好前景广阔的人生方向。比如拼命挣钱送孩子进富贵圈子，比如帮孩子报满各种训练班，幼儿园就学完了小学一二年级才学的数学、语文、外语课，比如买名牌服饰、进口零食，还比如过分呵护孩子，稍有不慎就责怪学校或老师。结果不是把孩子教育成了童话，就是把孩子塑造成了神话，总之孩子与周遭的生存环境格格不入。我们对孩子的爱太多，却忘记了如何教育孩子长大。我们过于关注孩子的成长结果，却忽略了孩子成长中的塑造方法。

有很多家长觉得爱孩子就不应惩罚他，担心会伤害他，也有很多家长认为因为爱孩子就要想尽办法保护他，还有很多家长觉得因为爱孩子所以要帮他规划未来。结果要么是永远依赖父母，成年也"啃老"，要么就和父母争斗半辈子，远离感恩二字。事实上，爱孩子和教育孩子并不矛盾，无须划清界限，也没必要焦虑担忧。爱时刻都不能减少，但是教育的核心目标和大方向务必要把控好。这里说的教育的核心目标和大方向，我把它比喻成方形，就是我们平时教育引导孩子的大框架、大方向，而爱则可以比喻成一个圆，我们要根据正方形的大小来把整个圆都装进这个正方形里面，让爱和教育和平相处、互惠共存，让孩子能够成长为身心健康的阳光人格生存者。

孩子成长中的 5 个关键阶段：

（1）0~2 岁是孩子们获得信任感的关键期，这个阶段就像是在搭建一座漂亮房子的地基，需要孩子们能够客观地认识社会的温暖。那么，我们在此阶段画圆（爱）的关键目标就是无条件地关爱，拥抱亲吻孩子，再怎么保护都不为过。

（2）2~4岁这个时间段，孩子开始有独立意识，开始自主做一些事情，如果这个时候不让他尊重权威和规则，习惯一旦形成，想改善就会非常困难。这个年龄段的孩子重点要学的是做人，学做一个会跟自己相处、会跟他人相处的适应社会环境的社会人。那么我们在教育这个阶段的孩子的时候，需要让他遵守社会准则，遵从道德习惯，而不是一味地包容或纵容他们。比如，孩子为了得到自己想要的东西动手打妈妈或奶奶，就要毫不客气地处罚他，否则爱的圆形就会偏离教育的正方形。这个阶段的方形就是要加强孩子的意志力训练、表达力训练、学习力训练、安全意识训练及道德准则的训练。如果这个阶段只是在强调舞蹈天赋、音乐挖掘、阅读、美术等技能的学习，那么爱的圆形会再次偏离。简单点说，就是3岁前学做人，3岁后学做事。

（3）4~7岁的孩子开始主动要求去做某些事情，如果前面给他画好了社会准则的正方形，那么这个阶段你只需要帮他把大目标分解成小目标，协助孩子完成就好，不必像个唠叨婆一样提出各种要求，这不仅会让孩子失去主见，缺乏自主性，可能还会让孩子产生叛逆。少年警校里就出现过好几个6岁左右的家长，自己讲的话孩子不听，到了警校孩子反而很乖很听话，其实就是这个阶段的目标和要求发生了偏差，导致方圆不稳，造成不良反应。这个时候学习什么内容、喜欢什么东西、如何安放玩具、怎么布置自己的房间等事情，都该交给孩子自主完成。

（4）7~12岁是孩子们自发勤奋、自主努力的时候，也是培养各项技能的关键期，奥数、武术、跆拳道等都可以让孩子体验一下，然后让他们自主选择。这个年龄段的孩子要多学锻炼意志力和吃苦耐劳精神的项目，鼓励孩子培养不断克服困苦、直面阻力的品格，协助其今后更好地调节压力。千万不要因为心疼孩子就帮助孩子走捷径，人生没有捷径，唯一的捷径就是勤奋踏实苦干。很多所谓的专家们要求减负、减压、减轻学习量的做法不完全正确，要量力而行。比如要求孩子考第一名，考不到就处罚，这种时候你教育的正方形就变成了梯形，在梯形边界内想把爱的圆形画端正，简直是天方夜谭。当然，不作要求，一味地减轻压力，不在意成绩也是错误的，这样教出来的孩子通常无法适应同龄人的社会准则。我听说过好多类似案例，拼命挤进民办小学，考民办中学时失利，再到公办中学不适应，患上抑郁症，后悔不已。

（5）12 岁到成年这个阶段是孩子内心社会准则、道德准则、法律准则的巩固期，一定要让孩子明白自己是谁、要做什么样的人，这个阶段最应避免的就是孩子的角色混乱。特别需要注意的就是父母离异后跟随母亲生活的男孩，千万不要不让孩子接触父亲，或者是离异后跟随父亲的女孩，千万不能强制要求孩子不许见母亲。客观地看待早恋，理智地尊重孩子，平等地陪伴孩子，都是在这个阶段画好圆形的基础。切勿一味强制要求、强行制止或主观责罚。我要特别提醒一下，父母绝对不可以一味包办，扼杀孩子的自主权。

将以上 5 个关键阶段作为爱孩子这把圆规的支点，画好教育与爱之间的方和圆，可令一个优秀的领袖少年身心健康地发展。

如果我们能够在每个时期给孩子合适的刺激信号，引导孩子们学会有边界意识地过滤信息，构建一个超越自己、受约于社会生存之道或集体规则的信念，以这个信念来支配自己的所有行为，那么，孩子的成长是有目标、有方向的，也是有动力、有活力的。

比如，我见到少年警校的孩子们的第一件事情是向他们敬礼，之后我会观察孩子们的反应，假如班级里有 60 个孩子，我往往看到只有十几个甚至只有四五个孩子会回礼。当我放下手并说一句"礼毕"的时候，很多孩子会环顾左右，看到别的孩子刚刚曾经向我回过礼，他们当中就有人会有意识地记住这个环节。我并没有用嘴巴向他们提要求，只是带动了少数有边界的人跟我一起遵守警校礼仪这个边界。而我们几个人的行为很快就会影响整个班级。能够将这个边界意识迅速铺开的根本原因是我是他们心目中的权威。作为教育者，我的动作会引起孩子们的关注和重视。所以成年人要以身作则，孩子们会把我们当作学习的榜样，言传不如身教。

4.3 榜样的力量是无穷的

为人师长、为人父母，都要给孩子树立好的榜样。就像我前面提到的，很多时候只要有一个人做了，就会有第二个、第三个人去做。这就是连锁反应，一个小的动作往往能引起整个班级的行为模式的改变。

"师者，所以传道受业解惑也。"孩子在学校里学习的不仅仅是书本上的知识，更是老师的一言一行。

高铁女教师扒高铁门事件一度闹得沸沸扬扬：为了等没赶上高铁的丈夫，这位女教师竟然扒门阻止列车的发动。事情曝光后，这位女教师被停职。

女教师说："我没有在教育教学工作中违规，凭什么停我职？"也有人说："她拦车应该给她相应的处罚，但仅是针对她这一行为，为什么要停她的职，不应该就事论事吗？"

我认为，正是因为她是教师，才更应该注意自己的行为。我国宪法明文规定：教师应该具备职业素养和操守。职业素养就是做该做的事情，做不符合规定的事情就是超越了边界。

那些为她求情的人有没有想过这一恶劣行为会带来怎样的影响：逼停高铁，社会就不需要秩序了吗？万一列车发动了导致她受伤，谁来承担这个后果？孩子学习了这种错误的方式，会不会认为阻拦交通工具正常出行是不违法的可仿效的行为？

一件事很可能带来一连串的影响，我们永远不能心存侥幸。

作为教师，一定要有师德。学生看到你在做什么，就会跟着做什么。这位女教师在她女儿面前树立了一个很不好的榜样，这个形象有可能会泛化到生活中，导致她母亲形象的坍塌。

我们常说父母是孩子最好的榜样。怀孕时胎儿是母亲身体的一部分，孩子出生后和父母一起吃饭、睡觉、玩耍、做作业，父母的言行无时无刻不在被孩子模仿着。

比如我自己的女儿，在我怀孕 3 个月的时候她就跟着我到处开展公众演说，"参加"各种大型活动，她 2 岁的时候就已经显示出了过人的语言天赋。而我的儿子，因为我怀他时是高危产妇，每日只能待在家中养胎。尽管享受着少奶奶的待遇，吃着山珍海味，集万千宠爱于一身，但是，我儿子出生后就带着丝丝的忧郁气质。让我印象最深的就是他 3 个月大去医院打预防针时，医生说这小家伙怎么才这么一点点大就会皱眉头。我想这也是一种言传身教吧。

某日受邀，我参加了我儿子参展的画展。一进大厅便听老师说，门口的广告喷绘就是用我儿子的作品做的。这幅作品给了我一个大大的惊喜，年仅 6 周岁多的他竟然能创作出如此写意的作品，让人惊叹不已。

画作中，无论是人的表情、配饰还是衣服，都足以让人看到"风力"之大，但又无一处明示是在画"风"，最让我惊讶的是画中主人公脱落的门牙。儿子到了换牙的年纪，前些天刚刚掉过牙齿。当门牙即将脱落，奶奶帮他拔掉的时候，他还因为太丑，无法接受现实，像疯了一样跟奶奶大闹了一场。为了让他明白换牙齿是成长的必经之旅，且当下的"难看"是为了今后拥有一副更好看的牙齿，我还搜集了大量的换牙视频或漫画与他分享。从这幅作品中不难看出，那些视频和漫画起作用了，儿子已经从掉牙的自卑情绪中走出，开始自信地面对。当然，也说明这次换牙事件给他留下了深刻的印象，他才会将这个场景画到作品里。显然一幅成功的作品，不仅要画出主题，还要富含人生经历和成长故事，儿子的这幅作品都做到了。

其实，当今教育信息丰富，父母们或多或少都懂得一些教育孩子的技巧，大多数父母都能做到用心教育孩子。但很多人仍时常感觉心有余而力不足。父母的工作和生活本就已经足够忙碌，如果此时再遇到孩子添乱，父母们做出一些粗暴的举动也是常有的。比如，我曾在少年宫看到了一个爸爸因为孩子不想离开游乐场，狠狠地打了这个孩子几巴掌。仔细回想一下，其实在我们身边，也经常会出现这样的父母。他们经常用发火来表达情绪，那么，他们的孩子也时常会用摔东西来发泄不满；也有父母因为对周遭缺乏怜悯之心，造成孩子也对四周表现得极其冷漠；还有最恐惧的隔代式宠爱，祖辈代替孩子做事情，往往会让孩子做事拖延。

而这些习惯并非一朝一夕形成，也不是父母偶尔一次的行为造成的。它是在我们长期与孩子相处互动的交流模式中逐渐演变出来的。所以，作为孩子的首任导师，父母需要明确自己的养育风格，进而明晰教育的目标。比如，我并没有想过要把儿子教育成政治家，因为天生内敛的他似乎更适合从事安静而富有创意的工作，或许漫无边际的想象就是我该强化的方向。

事实上，无论是要培养一名能言善辩的政治家、一名善于钻研的科学家，还是想象力丰富的小画家，都离不开父母有边界、有意识的放权。前些日子，孙俪在微博晒出儿女在墙上涂鸦的照片，还留言称家中的墙就是他们的画板。其实无论是明星的孩子还是普通百姓的孩子，几乎所有的孩子都喜欢乱涂乱画。这是因为他们可以从这种乱涂乱画的线条和色彩中获得无限的自由及创造的愉悦。日常的教育也是一样，假如我们可以给予孩子足够的自由，让他们在享受自己创造的愉悦中雕刻自己的人生，那么，他们一定可以给出一份满意的作品。

当然，这个自由是有边界的。就像我们虽然认可孩子乱涂乱画的好处，允许他们自由发挥，但也会对涂画的地方进行约束。因为，任何没有边界的自由都称不上真正的自由。假如不去设定这个边界，就会给孩子传递错误的信号，让他们误以为任何地方都可以随手乱画。假如有一天他去了非常庄严的公共场所，依然乱涂乱画，就有可能会付出惨重的代价。我常常跟少年警校的孩子们说："你今天的不自由是为了换回未来的更自由。"学会自我控制，扩充眼界，是为了未来比别人看得更清晰，决断更迅速，发展更顺遂。

说白了，父母们能做的就是想尽办法去丰富孩子们的成长环境，教会他们在有限的范围内，自由地去感受，自在地去思考，自律地去品味，创造出光彩夺目的人生。

4.4　边界意识塑造训练

【教学目标】

让每个孩子了解社会生存是有规则的，每个人都必须具备规则意识，即激活教育中提到的边界意识。

【教学重点】

各组代表队员通过 3 轮的努力，力争在指定的 60 秒时间内，将规定区域内的 30 张卡片，按照从小到大的顺序依次找出，并交给培训老师。开始前，必须提示团队成员，此规则中的 60 秒和卡片固定区域就是规则。并抛出问题，你是追求时间最短，还是追求团队默契配合？

【课前准备】

计时器、30 张由阿拉伯数字或英文大小写字母集合而成的有顺序的卡片、绳圈。

【活动步骤】

（1）团体热身并进行分组

教练介绍边界意识的含义：所谓边界意识，包含着道德、法制、社会发展规律及集体潜意识。

教练提问：

① 各位学员对道德和法制的概念是如何理解的？

② 如果社会发展规律与你的欲望产生了碰撞，你会怎么做？

③ 你怎么看待爸妈要求你必须尊老爱幼这件事？如果你不想那么做，你会怎么做？

（2）按游戏规则进行

① 每轮每组只能由一名组员进入圈内，只有这名组员可以触碰卡片并将卡片按从小到大的次序递交给培训师，其他组员只能在圈外进行辅助，不能进圈，也不能触碰卡片。

② 每轮游戏时间只有 60 秒，时间一到本轮立即终止，全部组员要在 5 秒内撤离场地。

③ 每张卡片以谐音、象形或一些常识性的内容逐一表示 1~30 中的唯一一个数字。

④ 每轮过后，所有卡片都会返回圈内，下一轮时需从头开始，逐一递交卡片。

⑤ 禁止使用任何高科技产品如手机、相机进行拍摄和记录。

⑥ 由教练统一口令开始，每轮间隔 3~5 分钟的时间（间隔时间为交流分享时间），再继续下一轮游戏。

教练提醒：交流本身就是在考验一个团队对目标的统一度，有的团队会单纯追求时间、速度，甚至不惜违规或无意识违规。而有的团队更多地追求团队协作，统一目标，统一部署作战措施，既抢得了时间，又赢得了胜利。

【讲师总结】

将各位刚刚在游戏中感受到的与道德、法律、社会发展规律、大家的个人意识与集体潜意识 4 个关键卡点产生碰撞时的状态作为画好自己人生这个圆的圆规的支点，我们人生发展的这个圆的半径也会变得更长，生活的圆圈也会更大、更圆。这就是少年警校将边界意识作为身心健康的主要目标，装进青少年内心的关键原因。

第 5 章

设立一个目标——梦想

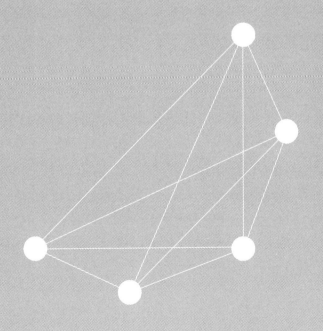

有梦想的人睡不着，没梦想的人睡不醒。这个世界根本不存在"不会"这回事，当你失去所有依靠的时候，你自然就什么都会了。

——尼克·胡哲

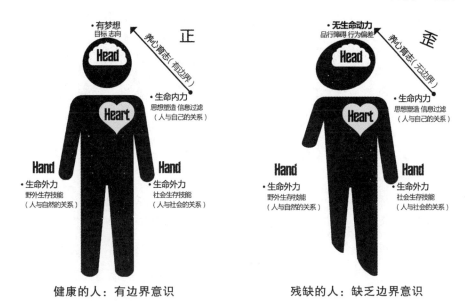

健康的人：有边界意识　　　　　　残缺的人：缺乏边界意识

5.1　无目标、无梦想的品行障碍和行为偏差

青春期的孩子比较敏感，很多时候父母、老师都不知道该往哪个方向培养孩子，更不清楚应该给孩子怎样的教育。大部分人只是一味地跟风，或者说是跟着几千年的集体潜意识及自己的生活经验前行。面对陈旧的思维模式，孩子在接受大量错综复杂的信息的刺激后，不知道用什么方式过滤和吸收，最终导致很多负面信息一并内化，形成不良的成长行为，养成不良习惯。这个阶段最容易出现品行障碍和行为偏差等情况，而这种情况将直接导致对外攻击和对内攻击两种极端行为的出现。

品行障碍是指在青少年期出现的持久性的反社会行为、攻击性行为和对立违抗行为。这些异常行为严重违反了相应年龄的社会规范，与正常儿童的调皮和青少年的逆反行为相比更为严重。国内调查发现品行障碍的患病率为1.45%~7.35%，男性高于女性，男女之比为 9 ： 1，患病年龄高峰为 13 岁。英国调查显示，10~11 岁儿童中患病率约为 4%。美国 18 岁以下人群中男性患病率为 6%~16%，女性患病率 2%~9%，城市患病率高于农村。[①]

2014 年 5 月，21 世纪教育研究院、社会科学文献出版社联合发布的2014 年教育蓝皮书《中国教育发展报告（2014）》，收集了 2013 年发生的79 例中小学生自杀案例，其中 57 例报道了明确自杀原因的案例显示："成绩下滑或不理想""教师行为失当""作业没完成""家长期望值过高""被家长批评"等是导致学生自杀的主要原因。据此，该蓝皮书认为，中小学生自杀的根本原因在于高度应试的教育制度。

据资料显示，早期教育及早期所处的环境，对儿童期、少年期以至成人以后的品德和行为都有极为重要的影响。不良的环境与不当的教养方式，容易造成儿童的品行障碍。儿童品行障碍的常见形式有：固执违拗、情绪不稳定（如哭闹、喊叫、摔东西、踢人、咬人或撞墙等）；攻击性行为和违纪现象（如拒绝上学、逃学、破坏纪律、离家出走等）；对人有敌意；撒谎；偷窃；过早追求性体验；等等。

在我看来，以上这些行为的出现，不仅跟孩子的家庭教育、学校教育及社会教育中缺失边界设定有关，很关键的一点是孩子缺乏志向，没有目标，没有梦想。而教育者自身的教育目标不清晰也是造成这个现状的主要因素。

小时候我们常常提到梦想，老师会问你长大了想做什么，有人说想当老师，有人说想当科学家，而 20 年后的我们，又有多少人实现了当初的愿望呢？没有行动的梦想只能被称作是空想。

[①] 引自百科名医网，http://baikemy.com/disease/view/2128。

5.2 筷子理论

激活孩子的内在动力和学习动力不是靠嘴巴说就可以的，我个人觉得现在的孩子应该更有国际视野，掌握一到两门语言是需要的。社会发展太快了，"地球村"已然变成了现实。于是，我不仅自己在默默学习英文，练习口语，也希望我的孩子能够具备这样主动学习英文的习惯。

那一天，听说杭州市文广集团内部新建了一个大型演播厅，巨大的操控台上布满了各式各样的按钮，就如同宇航员的驾驶舱那么壮观。遗憾的是，因为操控台上全部是英文，我有好多英文都识别不出。于是，我灵机一动，这个演播室的操控台刚好可以比作是宇航员的操控台，跟儿子的宇航员梦想有联系。回家我就跟他说："你想不想去宇航员的操控台看一下？"一直把驾驶宇宙飞船，飞向外星球当作今生最大目标的儿子一下子就激动了，从他眼睛里冒出金光，不难看出，他太期待了。我带他去了这个演播室，果不其然，他被眼前的壮观景象镇住了，也被演播室里那么多的英文按钮吓到了。我告诉他："其实，这只是宇航员操控台的一个小角落，确切地说根本就是冰山一角，假如你想真的操控宇宙飞船，不仅要认识这些英文单词，还要熟知这些按钮的功能，连 0.1% 的差错都不能出，否则，飞船就可能会爆炸。当然，只认识这些还不行，还得精准地计算、思考和判断，这样看来，数学比英文还要重要，你觉得呢？"

孩子真的很聪明，远比我们大人预计的聪明，他很快就明白了。还没有等我们回到家，他在车上已经向我提出了要求，希望我能帮他报英文辅导班，他想好好学习英文。后来，听他们班主任说，他在学校的数学成绩也是遥遥领先，最关键的是他每次去图书馆或者书店，都会挑选许多跟数学或思维训练相关的书籍。我想这就是激活的力量，我并没有强行安排他学习英文和数学，但是，他却朝着他内心的梦想在努力了。

还有语文，我发现儿子对语文不怎么感冒，每周要背诵两首诗对他来说显得有些痛苦。可我发现他特别喜欢我咨询室的沙盘及玩具，有的时候，他摆放的沙盘复杂到让我和我的同事们都感到震惊。我想那么难背的古文，对于我来说也会有些艰涩难懂，假如可以把这些与儿子喜爱的沙盘相嫁接，必然会有意想不到的效果。后来我就问他说："你喜欢沙盘吗？"他说："特别喜欢。"我说："我也很喜欢，不过，我玩沙盘的方法和你有点不一样，你玩沙盘都是按照自己想象的内容随意摆放的，而我喜欢给这个沙盘设定游戏规则和关卡。比如，我会把李白的《静夜思》作为我的目标，可以根据诗歌摆放出不同的场景。"我一边说一边摆出了一个场景。因为儿子对这首诗特别熟悉，我故意摆放错误的地方他一眼就识破了，所以，他迅速指出了我出错的地方。之后，他也以这首诗为目标，摆放出了好几个场景。再后来，这项游戏就成了我们一家人每周五晚上家庭日时的固定游戏，我和先生既有了跟孩子们一起玩的机会，儿子的古文背诵也提升了很多。现在，即便我们有事情不能陪他玩，他也会带着妹妹玩沙盘，还能教妹妹背诵古诗。

　　事实上，我儿子的例子不是个案，我在少年警校里也时常使用这种方法。教具无处不在，你的任何一个动作都有可能激活一个有梦想的孩子。比如，我在警校看到一个小朋友每次都会大声喊口号，说自己可以坚持，可以挑战自己，但是，回归到队伍里不久就又会迅速恢复原来懒散的模样。

　　那天，吃午饭时，我特意让这个小朋友坐在我身边，拿着手上的一双特殊的筷子夹菜给他。一块鸡肉，我连续夹了三次都没能成功。我问他为什么，他说："因为你的筷子一根是弯的，一根是直的，所以，受力的时候不均匀，很难夹在一起。"我表扬他真的很了不起，对力的作用这么了解。同时，我话锋一转，直接问他："你是弯筷子还是直筷子？"他思考好久后说："我应该是弯筷子。"我问他："为什么？"他说："因为我总是坚持不了一直做直筷子。"我紧接着说："其实，你一直想做直筷子的，对吗？"他给我的回答是肯定的。

　　我跟他说，想做直筷子和成为直筷子之间还差着十万八千里，因为你一直停留在想做直筷子的层面，而没有按照直筷子的准则要求自己，结果就会跟我刚刚夹菜时一样，总是无法实现。假如你可以按照直筷子的准则要求自己，即便我是弯筷子，我也可以夹到菜，就像我的脚虽然骨折了，因为我心里想着我是一个爱孩子的老师，我就必须把孩子放在第一位，于是我拄着拐杖也来看你们。假如你想当直筷子，就得按直筷子的标准要求自己，比如直筷子之所以是笔直的，是因为他的信念很直，就像你的信念若是直的，那么你的行为也会端正。你要做第一名，就会像第一名一样学习；你要做队长，就会像队长一样管好自己，无论是在队伍里还是在私下，都让自己遵守纪律规则。"你看，这弯筷子不是照样可以夹到很多菜吗？"我说着就已经给他碗里夹了许多菜。小朋友拿着这根弯筷子看了又看，不再讲话，而是埋头吃完了我给他夹的所有的菜。吃完后他就回归了队伍，后来老师们跟我反馈，这个小朋友在宿舍和队伍里都不再调皮捣蛋。

后来，这个孩子还把我的弯筷子理论带到了他的学校里，讲给了好多同学及老师听，他们老师也对这个理论评价极高，还特意邀请我到他们学校做公益演说。

5.2 养心育志，追寻梦想

心是一个人的内在动力，如果不是用心去做一件事情，就很难成功。人要顺从自己的内心，坚守一个边界，培养自己的志向。就是小人图中标出的生命内力部分，这部分往往靠意志力支撑，让我们心的容量不断增大。

我曾经带过一个小学五年级的孩子，很调皮，上课坐在第一排，经常是斜着身子坐着，和班上同学相处也是一副盛气凌人的态度，还和同学打架。可就是这样一位在老师眼中算不上乖孩子的学生，却在区级绘画比赛中拿到了一等奖。我当时觉得很意外，他看起来不喜欢和别人认真交流，平时作业完成度也一般，没想到却喜欢画画，而且是画赛车科技类的题材。我问他是不是喜欢画画，他说在家也会画，还报了兴趣班，我问他可不可以把他的画挂在教室的墙上，虽然他在克制自己，但我看得出来他很得意。是啊，没有小朋友不喜欢被关注、被夸赞、被崇拜。

后来和他的家长沟通，家长也表示自己比较关注孩子自己的爱好，如果是对他有帮助的，也不失为一个发展的方向。他的爸妈都是明智的人，尊重孩子的想法，即使有些骄气，也有其骄傲的资本。

为了更进一步激励这个孩子，我把一次画黑板报的工作交给了他，一开始他并不想做，他说自己不喜欢画人物。我告诉他，可以画故事，一个人和车的故事，可以找帮手，也可以去查资料。我觉得既然他有这个才艺，并且渴望去展示，就应该去锻炼他的实操能力，拓展他的兴趣领域，在共同创作的过程中发现不一样的东西。这也是培养他志向的一个方法。后来的板报展示果然没有让我们失望，他画了一个小学生经过努力成为一名科学家的故事。

其实很多家长大可不必担心孩子不喜欢学习，喜欢看动画片未必就是一件坏事，色彩性格告诉我们，不同色彩的孩子擅长的领域不同：喜欢涂涂画画，说不定将来可以成为一名画家；好动，做事只有三分钟热度，也可能是有激情、有冲劲的体现。任何事物都具有两面性，要合理看待。

现在很多孩子上课都注意力不集中，家长遇到这种情况，就会觉得自己的孩子是不是有问题，还有的家长会说："我家孩子对什么都不感兴趣，做什么都是呆呆的。"

针对这些情况，其实有两个方面的原因，一个是孩子本身的成熟度，一个是外界对他的影响。

有关的专家做了一些统计，我们不妨来看看数据，比较一下不同年龄阶段的孩子注意力的持续时间：

5~6 岁的儿童：10~15 分钟；

7~10 岁的儿童：15~20 分钟；

10~12 岁的儿童：25~30 分钟；

12 岁以上的：30 分钟以上。

这些只是一般情况，并不绝对。小学阶段的孩子心智都还在发育期，用大人的思维去决定他们应该做到什么样的程度是不合理的。

孩子的兴趣很重要，当他对这件事感兴趣时就会去做。有的家长就会说："我家孩子只喜欢看动画片，只要是关于学习的事情就根本不上心。"这样的现象很正常，年纪越小越正常，家长不要过于慌张，可以去做一个测评看看是不是病理性原因，排除了这种状况后，可以做多方面的引导。比如说用学习一门课获得的知识可以成为什么样的英雄来吸引他。外在的奖赏远没有他自己想要去做这件事得到的效果好。帮助孩子树立目标，分阶段引导，经常激励孩子，孩子慢慢地感受到了学习带来的好处，自然就会用心些了。当你给孩子创造了养心的场景，让他学会过滤这些信息，并试着支配自己的行为，培养他们的思想，通过暗示不断加深他的印象，成为他们的思维习惯，他就会产生内在的动力，动力一旦有了，目标就有了。这就是养心育志。

在少年警校里，有的孩子是带着目标来的：改变不好的习惯，养成新的习惯；学习新的事物；亲近大自然。而有的孩子则是在这个过程中慢慢找到了目标，比如见到老师要打招呼，回去每天写一篇日记等。有一个小朋友在一篇日记中写道："我不玩……不行，我要控制自己，守住自己的心。"原来是他的朋友来找他玩，而他要写作业，朋友在他旁边玩游戏，他也很想玩，但他记起少年警校里老师跟他说的要坚守自己的内心，就这样他战胜了自己。

IBF 激活教育，就是从孩子的内心出发，认识自己，认识自己和他人、社会的关系，培养他们的生存能力，同时给自己划定一个边界，在这个边界范围内，培养一个目标。

根据 IBF 激活教育的理念，我们开设了启心养智——目标养成工作坊，目的就是激活孩子的生命动力，激发他们的热情。

5.3 目标养成计划

【上课对象】

做事拖沓、学习动力不足、专注度不高，人生没有目标和方向的青少年，10~16 岁，每期 12 人。

【训练目标】

激活生命动力，教会孩子学习如何设定目标，如何养成立即就做的习惯，实现卓越的人生。

【授课手段】

从设立目标到习惯养成，从开发感官认知到传授各种学习的原理，结合动态静心、情智平衡、健脑训练、情绪疏导等，激发孩子的内在潜能。

第一课：设定目标。成功的第一步，就是如何养成设定目标的习惯，如何养成立刻就做的习惯，如何制订有效的行动计划（心理游戏、行为训练、练习及作业）。

（1）讲述目标养成工作坊的原理，如何使用目标设定，导向自发行动，解释行动和建设性的有效行动之间的差别，介绍一步步实现目标的办法。

（2）说明为什么目标养成可以训练、可以强化、可以成为一种习惯，目标和梦想之间的联系。

（3）运用多种感官并用的认知系统，对每一位学员进行能力提升优化；运用投射测验、感统测评、催眠感受性测试等形式，初步了解每一位学员的敏感点及可优化的部分。

（4）通过各类心理游戏，训练学员学会使用 3 种以上感官同步学习的能力，并使用间隔重复的学习方法，进行模拟训练。

（5）运用催眠暗示及行动设定卡片，初步实现目标设定概念。

（6）运用回家作业，强化课程效果，分析回家作业，评估个人发展方向及优化切入点。

第二课： 运用创造力设定目标。弄清内心的真实目标并以语言呈现出来，养成梳理内在目标的习惯。

（1）解释"造梦"的重要性，并引导如何搭建实现梦想的一步步阶梯。

（2）通过逐层递进的心理游戏、心理拓展练习、动态静心、舞动治疗，激发个人创造力，提升心理动力。

（3）通过第一课的课后作业分析，设定目标的困境与局限，引导并运用团体自发的创造力，进入设定目标前的准备及心理转变，进一步清晰内心真实目标。

（4）进行目标或内心期待的艺术化表达（绘画、音乐、舞动、投射图故事）。学习如何明确设定目标，如何用言语表达内心期待。

（5）通过不同形式的心理挑战游戏，享受小成功的喜悦，强化目标达成后的心理体验。

（6）运用"造梦计划"，在梦想和内在自我进行链接设定"心锚"，锚定梦想与成功。

第三课： 层层相扣设计的体验活动来与内心的潜能做连接，从生命的高度，重新解读自身，掌握自己的命运。

（1）团体心理拓展与小组练习，在游戏与训练中体验感受，进一步增强心理动力，并运用游戏、小组、团体的感受，与个人内心进行连接；通过活动验证"每个人都有潜能"，从而提高个体的生命动力。

（2）从个体生命起源、家族传承以及量子物理在心理学领域运用的原理，重新解读自身，获得掌控感、安全感，以及对自我全新的体验。

（3）为什么设定目标会给个人带来心理改变？通过故事化、言语化来强化目标设定的效用。

第四课：开始的勇气、自我突破，带着使命感开启新的人生，生命自画像。

（1）通过心理游戏和训练提高开始行动的勇气，破解"启动"慢的难题，强化"静者恒静，动者恒动"的理念，让每个人成为"活动"着的人。

（2）通过动态静心、艺术化创造与表达，使用萨提亚雕塑技术，锁定未来想要的自我形象，开启新的人生。

（3）通过催眠暗示、舞动治疗，在想象层面完成生命自画像，并以语言进行分享，进一步增强目标设定、建立行动、渴望成功的愿望。

第五课：设定目标获得成功的3个诀窍。科学评估后的行动计划、真正的心理需求、信心和决心。

（1）为什么目标设定是梦想和成功之间的桥梁？

（2）通过实例和心理游戏说明成功就是逐步实现有价值的、预先设定好的目标。

（3）设定目标获得成功的3个诀窍：如何从之前课程中感知的个人能力评估科学的行动计划，如何从一天6万个想法中梳理澄清真正的心理需求，如何通过自我激励、自我暗示、自我肯定增强信心和决心。

第六课：聚焦能量、有效自我激励、目标方向把控、分类管理自我目标。

（1）通过前面5天的课程，调动自己最擅长的感官、最擅长的领域、最有动力最感兴趣的方面，聚焦能量，用前面学习到的方法有效地自我激励。

（2）通过分类化游戏、有效提问法、聚焦问题法、目标导向法，做好目标方向把控，实现目标的分类管理，自我负责。

（3）回顾课程第一天到如今的转变，强化提升已掌握的技能，通过小组工作坊，分享并相互学习。

第七课：预见力培养，逆商的养护，雕塑成功自我形象，回溯到当下的目标，明确子目标。

（1）了解预见力的作用，预见力如何指导我们运用思考力和有效行动计划，让我们一步步迈向成功？

（2）运用心理绘图法、想象空间法，学习科学家们如何将心里的想法变成现实。

（3）挫折商的养护，挫折事件的自我暗示与有效激励。

（4）结合萨提亚和心理剧治疗技术，雕塑最成功的自我形象，用"时间银行"法和"年龄回溯"法，定格每一小步的里程碑，回到当下目标，锚定子目标。

第八课：自我承诺的力量、自我承诺实现的要诀、积极预言自己的一生，运用目标设定的功用，走在自己设定目标的成功之路。

（1）自我承诺，从他律到自律的转变；自我激励，从外部力量到内部力量的改变。

（2）通过誓言、暗示，带入自己设定的目标情境，体会成功的喜悦，习惯享受达成目标的乐趣。

（3）真正养成每天写下细小目标，定期回顾重要目标的习惯，成为一个自我激励的人。采取每天行动一小步的训练，逐步实现每个小目标。

根据启心养智工作坊的训练目标，我们还设定了系列课程，让孩子们认识自己、接纳自己，找到自己的人生方向。

5.4 少年警校团体式"设立目标"训练

目标：

◇探索自己的兴趣所在，激活自己的生命动力。

◇设立目标，学会对自己的选择负责。

◇通过各种挑战，认识自己与外界的联系，锻炼自己的意志。

主题一：兴趣伴我成长

【教学目标】

本活动通过探索学员的兴趣，了解发展所需要的能力，为未来发展做好准备，促进学员的内在动机的发展。

【教学重点】

让学员了解自己的兴趣，同时提高发展兴趣所必备的能力。

【课前准备】

多媒体播放器、笔（每人1支）、6个桌签（桌签上分别写上A岛、B岛、C岛、D岛、E岛、F岛）。

【活动步骤】

步骤1：活动导入——"我的愿望"

让学生写出5件让自己感到高兴、骄傲，并且希望自己常做的活动。这些活动可以是做过的，也可以是一些希望做但尚未做过的活动。在该活动后面，把与之相关的职业名称写下来（此部分可以在讲师的帮助下完成）。

步骤2：兴趣探索活动——我的岛屿计划

（1）老师提出旅游假设，对6个岛屿的特点进行介绍，请学员进行选择。

提示语：恭喜你们！你们每个人都获得了1次免费度假游的机会，有机会去下列6个岛屿中的1个。唯一的要求是你必须在这个岛上至少待满3个月的时间。请不要考虑其他因素，仅凭自己的兴趣挑出你最想前往的3个岛屿。

下面是6个岛屿的介绍（需要根据介绍来配图）。

A岛——自然岛

自然原始的岛屿，岛上有热带的原始植物，自然生态保护得很好，也有相当大规模的动物园、植物园、水族馆。岛上居民动手能力很强，以手工见长，自己种植花果蔬菜，修理房屋，打造器物，制作各种工具。

B 岛——冥想岛

深思冥想的岛屿，岛上人迹较少，建筑物多偏处一隅，平川绿野，适合夜观星象，也有助于思考。岛上有多处天文馆、科学博物馆及科学图书馆等。岛上居民喜好沉思、追求真知，喜欢和来自各地的科学家、哲学家、心理学家等交换心得。

C 岛——浪漫岛

美丽浪漫的岛屿，岛上布满了美术馆、音乐厅，弥漫着浓厚的艺术文化气息。同时，当地的原住民还保留了传统的舞蹈、音乐与绘画，许多艺术和文艺界的朋友都喜欢在这里寻找灵感。

D 岛——友善岛

温暖友善的岛屿，岛上居民个性温和、十分友善、乐于助人，社区自成一个密切互动的服务网络，人们互助合作，重视教育，充满人文气息。

E 岛——富庶岛

显赫富足的岛屿，岛上居民热情豪爽，善于经营和贸易。岛上的经济高度发展，处处是高级餐厅、俱乐部、高尔夫球场。来往者多是企业家、经理人、政治家、律师等。

F 岛——井然岛

现代且井然有序的岛屿，岛上建筑十分现代化，是进步的都市形态，以完善的户政管理、地政管理、金融管理见长。岛民个性冷静保守，处事有条不紊，善于制定组织规则。

学员凭自己的兴趣挑出最想前往的 3 个岛屿并将字母记录下来。

（2）情况有变，学员进行"我的岛屿计划"第二次选择。

很不幸，你乘坐的轮船突然发生了故障，必须紧急靠岸。这时候，轮船正好处于这 6 个岛屿中间。你会选择哪一个岛屿靠岸？要知道，这些岛屿只能通过轮船和外界联系，而现在船和外界失去了联系，只能等待救援，一旦靠岸你就需要在这个岛屿上待很长一段时间，几年甚至几十年。请大家选择一个岛屿上岸。

按照不同的岛屿分成 6 个小组。讲师将 6 个桌签分别摆在 6 张桌子上。学员按照自己最后选择的岛屿字母组成小组（每组人数不一定相同）。

步骤 3：学员小组讨论

（1）学员组内交流自己选择这个岛屿的原因和自己的兴趣爱好。

（2）请小组代表分享各自小组的共同的兴趣。

【讲师总结】

不同的岛屿代表着不同类型的职业，同一种类型的职业通常会吸引有相同兴趣爱好的人，这就是职业兴趣。当然每个人的职业兴趣往往是多方面的，很少只是集中在某一类型上，就像我们第一次岛屿选择计划一样，可以有多个选择，但最感兴趣的领域就是你第二次选择的结果。职业的实现，发现与发展自己的兴趣是第一步，未来我们还要去发展我们的职业能力。

主题二：护蛋行动

【教学目标】

让学员体会做事的艰难，学会坚持，培养其耐心和意志力，养成认真负责的好习惯。

【教学重点】

此次活动需要外界的支持与配合。

【课前准备】

生鸡蛋（每人 1 枚）。

【活动步骤】

步骤 1：准备鸡蛋

每个学员到讲师那里领 1 枚生鸡蛋。

步骤 2：命名行动

给自己的鸡蛋取 1 个好听的名字。

步骤 3：宣布规则

（1）除了剧烈运动、睡觉外，平时要时时刻刻把鸡蛋带在身边，让鸡蛋时时刻刻感受到你的体温，感受到你在陪伴着它。

（2）在"护蛋行动"中，要及时记录自己的护蛋感受和思考，每天写一篇护蛋日记。

（3）如果鸡蛋不小心打碎了，要写"死亡报告"，并记录鸡蛋打碎后的感受和思考。

（4）学员需要每天找讲师做一次标记。

（5）11~15 岁的学员需要保证鸡蛋的温度在 23℃以下。

步骤 4：检查验收

根据少年警校营结束的时间（即最后一天）来统一检查验收。

步骤 5：问题讨论

通过这次"护蛋行动"，你有哪些感受？

【讲师总结】

"护蛋行动"看似简单，其实做好它也需要花很多心思，还有可能一不小心行动就失败了。无论如何，最重要的是在这个过程中，我们体会了付出与收获、成就与自信，发现小小的目标也需要我们尽心去完成。

主题三：我的人生我做主

【教学目标】

通过拍卖活动，让学员体会在人生当中做出选择的重要意义，启发学员思考在人生当中该如何做出选择，让学员在自己的生活中更加自觉和积极地生活。

【教学重点】

拍卖过程应注意的细节：

（1）如果某件物品叫卖 3 次后仍无人竞投，则进入下一件物品的拍卖，同时做好记录。

（2）如果某件物品有多人同时出价 5000 元竞买，则最先出价者得，由讲师把握；同时留心记下参加出价的人数，以便课后总结。

（3）讲师要注意控制现场学员的情绪，既要避免冷场，也要避免过于吵闹。

（4）在讨论阶段，不要对学员的答案进行价值性的判断，讨论的关键是促进学员的自我认识和自我反思。

【课前准备】

道具钱和拍卖槌，拍卖品名目录（每人 1 份）。

【活动步骤】

步骤 1：活动导入

同学们，你们在生活中听说过拍卖会吗？谁能说说它是什么样的呢？

讲师总结：同学们都说得很好，在拍卖会上我们可以选择自己喜欢的东西进行竞买。今天我们也要进行一场拍卖会，只不过我们拍卖的不是货品，而是人生当中比较重要的一些东西，同学们可以在这场拍卖会中选择自己希望拥有的东西。

步骤 2：选择的意义

说到选择，同学们在生活当中是否进行过选择？比如选择购买什么书，选择吃什么饭，选择和什么样的人交朋友，选择去哪里游玩……选择无处不在，无数次的选择构成了我们的人生。有些选择是因为听取了父母或老师的意见，有些选择是为了获得他人的赞许，有些选择是因为我们的兴趣爱好。无论如何，我们所做的选择会引领我们走不一样的道路，结出不一样的果实。那面对人生当中的各种选择，你们将会做出什么样的决定呢？

步骤 3：介绍拍卖品及拍卖规则

让我们一起来看看今天有些什么可供选择：幸福、健康、自信心、成就感、他人的赞扬、实现父母的期望、威望、实现理想、自由、财富及名气。

宣布拍卖规则：

（1）每人有 5000 元资金参加竞拍。

（2）每件物品的底价均为 500 元，每次竞价以 300 元为单位进行加价，价高者得。每件物品的最高出价喊价 3 次后无人加价则击槌成交。

（3）若一次出价 5000 元，则立即成交。

（4）货品一经售出，概不退换（有些选择一旦做出就无法回头）。

步骤 4：准备竞拍

讲师播放一段约 3 分钟长的音乐，让学员在音乐中认真思考，并可在拍卖品目录上写下你的计划。比如花 2000 元买自信心，花 3000 元买成就感。在准备的过程中有疑问的学员可举手提问，讲师为其解答。

步骤 5：开始拍卖

（音乐停）同学们准备好了吗？现在我们进入拍卖会现场，拍卖正式开始！首先是第一件拍卖品：自信心。好，A 同学出价 500 元！B 同学出价 800 元！C 同学出价 1100 元！很好，竞争很激烈……好，D 同学出价 2000 元！还有没有出价更高的？ 2000 元第一次，2000 元第二次，2000 元第三次（敲槌）成交！祝贺你，D 同学，你获得了自信心！现在请你上台来领取你的"自信心"！讲师将标有"自信心"的纸袋交给 D 同学，收下该同学的道具钱，并示意其他同学鼓掌祝贺。

如此循环，直至拍完所有的拍卖品。

步骤 6：拍卖后的思考

紧张而又激烈的拍卖会结束了，那让我们冷静下来思考一下这几个问题：

（1）你为什么会选择该拍品呢？它对你有多重要？

（2）你是否后悔买了这些东西？为什么呢？

（3）父母的期望和你的理想，哪样对你更重要？

（4）在这些物品中，哪种东西能给你带来最大的满足感呢？

【讲师总结】

通过拍卖活动，同学们也许会有新的认识。你人生的最大价值是什么？你为什么而生活？有的人为了他人的鼓励，有的人为了财富或者名气，也有的人为了实现自己的理想而奋斗，那么你是为什么在奋斗呢？

主题四：天生我才

【教学目标】

学会面对可能的失败，以及如何在可能的失败面前去挑战自己。

【教学重点】

教会学员发散思维，更多角度地解决问题。

【课前准备】

A4 纸（每人 1 张）、笔（每人 1 支）、游说表 10 张（见步骤 3）、统计表 1 张（见步骤 4），展板、记号笔。

【活动步骤】

步骤 1：分组

讲师根据自己的经验，将所有的学员分成 10 个小组。

步骤 2：内部竞选

现在我们需要寻找 10 个学员参加一次南极考察，哪 10 位学员会成为幸运儿呢？现在请每个组的组员通过演说的方式，说服别人选择你成为准科考队员。

步骤 3：冰海遇险

竞选出来的 10 位准科考队员乘坐科考船驶向南极，突然在途中遭遇巨大风暴，科考船即将沉入海底，唯一的救生艇只能容纳 3 个人。为了给每个人一个公平自救的机会，现在请每个人准备一段 2 分钟的演说，内容必须选择学业、交友、仪容、生活习惯四个方面中的一个或几个方面来表达，说明为什么救生艇最应该留下你，如果你能打动现场的学员，在最后的投票表决中留下的就可能是你。

演说内容

序号	理由	理由概述
1		
2		
3		
4		
5		
6		
7		
8		
9		
10		

步骤 4：我最重要

现在有请 10 位同学开始演讲，由讲师对演说者的演说理由进行统计，看谁的理由最多、最充分。

演说统计

序号	演说者	累计理由数
1		
2		
3		
4		
5		
6		
7		
8		
9		
10		

步骤 5：表决

从刚才各位学员的演说中，我们已经看到各位同学在不同的方面各有优点，那么他们谁最终能获救呢？现在由剩下的学员投票来决定，请同学们将自己的投票结果写在纸上，然后交给讲师唱票（唱票结果写在展板上）。

步骤 6：问题讨论

如果你是这艘船的船员，你会怎么说服大家把你留下呢？

【讲师总结】

在这节课中实际上考察的是个人对自己优点的认知和对现状的把控，抓住问题的情境才能对症下药。

主题五：挑战你的思维极限

【教学目标】

让学员体会解决问题的步骤，以及学习寻找变化以获取解决问题的新机会。

【教学重点】

鼓励学员尝试各种解决问题的方法。

【活动步骤】

步骤 1：解心锁

所有的学员围成一个圈，双手交叉在身前，与自己身边的学员手握住手，然后在不放手的前提下想办法将所有的双手解开（限时 30 分钟）。

步骤 2：分享解锁体验

（1）当你接到这个问题的时候，你的第一反应是什么？然后你做了什么行动？

（2）在尝试了一段时间后，你有什么感觉？你是否相信有可能解开锁？

（3）你认为解不开锁的原因是什么？是否曾经想要放弃？

（4）在活动过程中，你尝试过哪些方法？

（5）你是否一直在自己的经验中找答案？

（6）生活中，你曾面临过类似的情境吗？你的反应是什么？

（7）以往的经验对你有什么影响？你会过度依赖经验吗？

【讲师总结】

在游戏的过程中不仅能体会到趣味性，同时增加了互动性，学生不再只局限于自己的经验，而是在探索中寻找解决问题的方法。

致谢

　　我不曾想过要出版此书，然而，却有太多的家长期盼着它的面世。有好奇的，也有惊讶的，当然我相信一定也有怀疑的，但总归都是因为少年警校自创办以来，影响了太多的孩子和家庭。当太多的家长成了少年警校的受益者的时候，总结这份经验就显得尤为重要。

　　"不求生命有多么高贵，但求皮囊老去，依旧还可以看到生命的轨迹"，这句话一直是我的座右铭，那么，就让这本书成为我生命轨迹中不浓不淡的一笔吧。我相信，这大概也是一个圆梦者捕捉梦想的捷径了。因为只有用心写出行之有效的方法，让更多的读者真实受益，才有更多人相信这份梦想存在的价值。所以，我怀着一颗诚惶诚恐的心写完了此书。

　　我并非心理学专业出身，书中更多的内容是凭借自己的实践经验、生活阅历，以及所思、所悟、所感，在摸索中总结出的一套经验。而这些经验也不单单归功于我一个人，它还包含了去哪家族团队所有人员的智慧，特别是汲取了公益专家团的才学和思想。去哪家族公益专家团成员有来自医学界、心理学界、教育界、司法系统、公安系统等各界的精英。比如杭州市第七人民医院的老院长钱惠中就给我提过许多建议，他觉得我在做的这个课程体系恰恰是精神分析的边缘板块，很多人忽略了这一块的研究。再比如辽宁大学于晶教授的团体沙盘及营地课程设置等也给了我不少启发，书中部分章节也有借鉴她的思想，而她的硕士和博士研究生们在人格的发展教育引导等方面也为此书出了不少点子。也感谢浙江农林大学旅游与健康学院教授金祖良对自然生存技能部分内容的指导。当然，还要特别感谢一直默默支持我的梦想的几位心理咨询师——曹淑辉老师、赵晓佳老师、唐志东老师、高伟飞老师、夏丁玲老师、张兆利老师、柴小君老师、姜超老师、陈佳琪老师、张莉莉老师、柴明明老师和王倩老师，以及杭州市下城区公安分局刘文逸、江干公安分局施黎丽和曾文娟、浙江传媒学院许志红、上海市第十中学心理学高级教师周厚蓉、好友陈丽烨等。他们在激活教育 4H 理论体系形成之前，都在各个分支板块做出了重要的贡献。礼仪老师眸英、演说老师潘池、警官学校老师程凌、浙江省性科学学术委员时代强教授、未成年人管教所的教育专家蒋晓霞、汪文虎、徐振等也都为此书的部分章节做出了相应的贡献。这里，也要特别感谢我的助理杨梦宇、陈剑洪、应姿等专业人才帮我搜集资料、编纂订正内容等。感谢了那么多人，结尾时，不得不感谢我生命中最重要的三个人，他们是我在此书中屡次当作实操案例的儿女——牛牛和丫丫，以及默默支持我的先生、婆婆和公公，是你们让我有更多时间研究、学习。

　　总之，如果说生命的感恩一定要用实物来衡量的话，我只能说，我将尽力让我写出的每一个字都更有实效、更有价值地回报生命中的每一份相遇。

参考资料

（1）房施龙 . 宁夏师范学院教案 [M]. 北京：科学出版社，2012.

（2）李海燕，李海珍等 . 定向运动与野外生存 [M]. 北京：科学出版社，2012.

（3）钱张师 . 野外生存生活训练指南 [M]. 西安：西安地图出版社，2003.

（4）王健 . 野外生存技巧 [M]. 北京：科学出版社，2012.

（5）张惠红 . 野外生存生活训练指导手册 [M]. 北京：人民体育出版社，2002.

图书在版编目（CIP）数据

激活沉睡心灵：发现孩子内在动力 / 生三著. — 杭
州：浙江大学出版社，2019.9
ISBN 978-7-308-19362-7

Ⅰ.①激… Ⅱ.①生… Ⅲ.①青少年教育—教育研究
Ⅳ.①G775

中国版本图书馆CIP数据核字（2019）第155831号

激活沉睡心灵：发现孩子内在动力

生 三 著

装帧设计	周　灵
责任编辑	杨　茜
责任校对	李　晨
出版发行	浙江大学出版社
	（杭州天目山路148号　邮政编码：310007）
	（网址：http://www.zjupress.com）
排　　版	浙江时代出版服务有限公司
印　　刷	杭州钱江彩色印务有限公司
开　　本	710mm×1000mm　1/16
印　　张	17
插　　页	2
字　　数	226千
版 印 次	2019年9月第1版　2019年9月第1次印刷
书　　号	ISBN 978-7-308-19362-7
定　　价	58.00元